JN114191

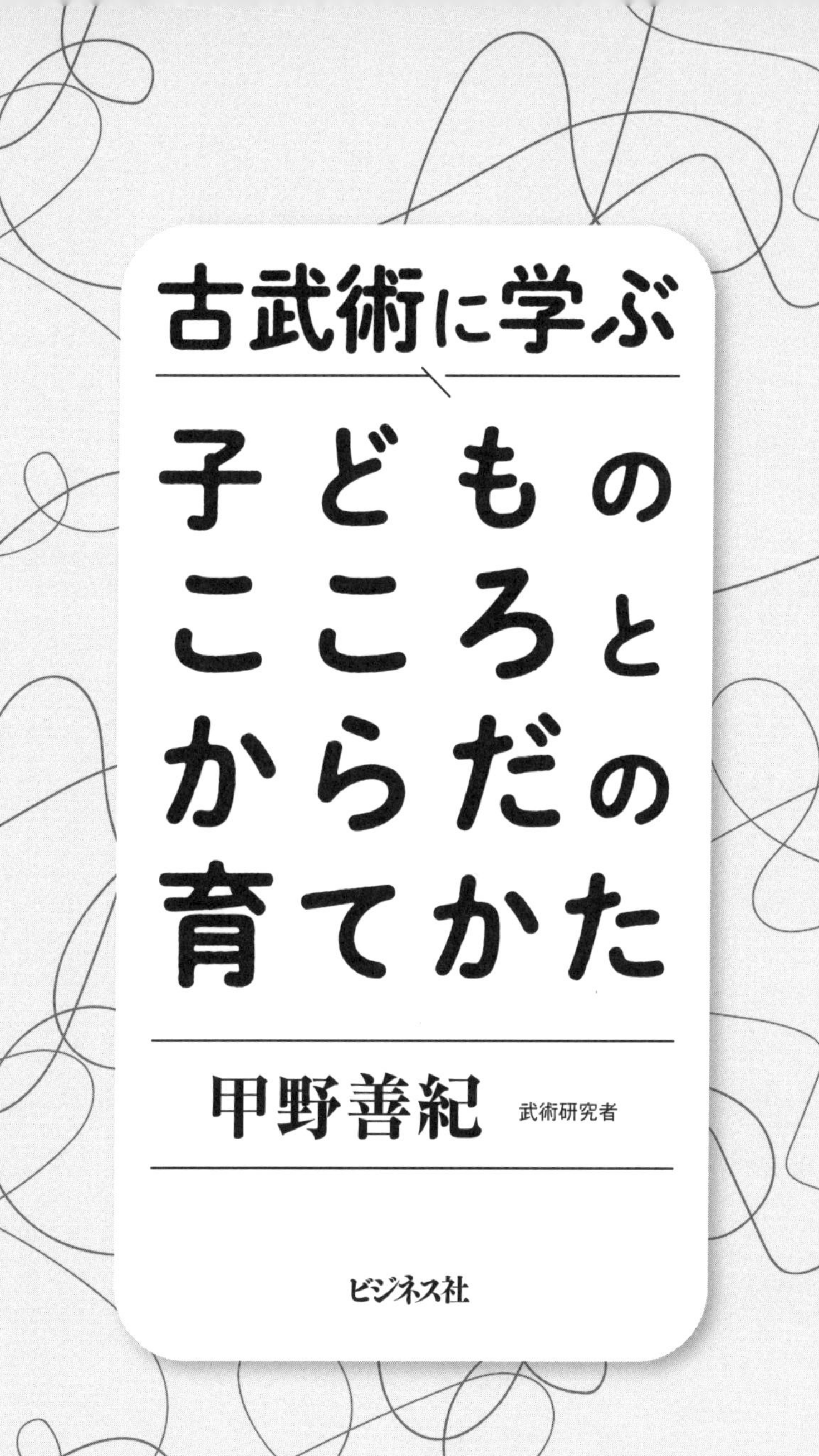

古武術に学ぶ
子どものこころとからだの育てかた

甲野善紀　武術研究者

ビジネス社

はじめに

以前から、日本の教育のあり方は根本的に間違っているのではないか、現在のような大学進学や就職のための受験中心の教育では、これからの時代を切り拓くような、広い視野と柔軟な思考を持った人物は育たないのではないか、と危惧していました。

その危惧が実感を伴って明らかになったのが、今回のCOVID-19、つまり新型コロナウイルス感染症をめぐる、感染対策に対する世の中の反応です。この感染症が流行し始めてもう三年が経ちますが、相変わらず、いたずらに恐怖を煽(あお)る報道が続いています。

子どもたちにもマスクの常時着用や手指消毒の徹底を強いて、強迫神経症のような過敏さを植え付けてきました。その弊害については、本文（第一章）で改めて述べようと思いますが、教育関係者のこの問題への関心の薄さには背筋が冷たくなります。

今回の、私には馬鹿げたとしか感じられない感染症対策が、一向に収まらないのはなぜか――。

それは、医学やウイルス学などの問題ではなく、私は、根本的な原因は「教育」にあると思っています。

「人間が生きるとはどういうことか」という、本来教育の根幹に置かれるべきことをあまりにも軽視してきたツケが目に見える形で明らかになったのが、今回の終わらない感染症騒動だと思います。

若い人たちの自殺が増えても過剰な感染対策をやめることができない、「ウィズ・コロナ」という言葉は出てきてもその覚悟はまったくない、国民生活にこれほど重大な影響を与えていながらこれまでの感染対策が本当に適当かどうかの議論すら適切に行えない、ロボット化した人間を大量に作り出すような「新しい生活様式」に対して異論を唱える指導的立場の人が、どのジャンルにおいてもほとんど出てこない……。

いかに、近視眼的にしか物事を見ることができず、「正解ありき」の受験用の勉強しかしてこなかった人たちが世の中を動かしているのかということがよくわかりました。

同時に、教育の現場でも、あるいは医療者でも、今回の感染対策のばかばかしさに気づきもしないか、気づいても声を上げない人たちが大多数であることを知り、心の中を冷たい風が吹き抜けていく思いがしました。いい年をした大人たちが、行政やマスコミが発信していることを詳しく検討することもなくただ信じ、自分の頭で考えようともしないことには、人間として何十年も生きてきて、いったい何を学んできたというのだろうか、と呆れるというか、悲しくなってしまいます。

私自身、古(いにしえ)の覚者の足跡をたどるたびに、自分自身の至らなさや未熟さを痛感しておりますので、他人にどうこう言えるような立場ではありませんが、それでも今回出版社から「子どもたちへの教育について書いてほしい」との打診を受け、それを承諾したのは、こうした世の中のおかしさに対して黙っていることは到底できなかったからです。私がこれまで書いてきた本でも教育については触れてきましたが、今回のように一冊を通してまとまった形で書いたことはなかったように思います。

私がいちばん伝えたいことは、まず「人間が生きるとはどういうことか」「いかに生きるべきか」という教育の根幹を取り戻すべきだということです。そして、子どもたちが興味を持ったときの学ぶ力には凄(すさ)まじいものがありますから、その邪魔をしないことが何よりの教育であるということです。

前者については第二章で、後者については主に第三、四章で書いています。そして、第五章では、これからの時代を切り拓く人たちにはこういうことを知っておいてほしいという、私なりの考えをまとめました。

これからの社会ができる限り健全な方向に進むよう尽力することが、長く生きた者の務めです。この本がどれだけの人に届くかはわかりませんが、届いた人が、現状を見つめ直し、「いかに生きるか」「いかに子どもを見守るか」を考えるきっかけにしてくだされば、このおかしな世の中をなんとかしようという思いでこの年齢にして人生最多忙の日々の中、ようやく書き上げた意味もあったと思うことができそうです。

二〇二三年二月

甲野善紀

古武術に学ぶ　子どものこころとからだの育てかた

目次

はじめに　3

第一章　コロナ禍で浮き彫りとなった「子どもは後回し」社会

第二章　まず学ぶべきは「いかに生きるか」

第三章　体感する学びが子どもの才能を伸ばす

第四章　短所は未来の長所に変わる可能性を秘めている

第五章　未来で活躍する逸材になるために育んでおきたい五つのこと

第一章
コロナ禍で浮き彫りとなった「子どもは後回し」社会

マスクだらけの状況下の子育ては乳幼児への「教育妨害」

二〇二〇年の春から、COVID-19、つまり新型コロナウイルス感染症が流行し始め、「消毒だ！　ソーシャルディスタンスだ！」と世の中で感染対策が強化されてきた頃から「おかしい」と思い始め、「おかしい」と思うことには「おかしい」と常に主張し続けてきました。なかでも私が最も危惧しているのが、このマスクだらけの世の中で子どもたちの健全な発育が損なわれるのではないかということです。

家の中ではよくわかりませんが、一歩外へ出ればほとんどすべての人たちがマスクで顔を六割も覆って生活しています。表情の見えない人間に囲まれた子どもたち、特に年齢の低い幼児がこの環境で、心身ともに健やかに育っていくだろうかと、大変な危惧を感じています。

この状況が長く続くと、表情が乏しくなる、感情がうまく働かなくなる、相手の感情をうまく読み取れなくなるといった問題が生じる恐れを感じます。その影響は、幼ければ幼いほど大きいでしょう。

特に言葉を話すようになる以前の子どもたちは、顔の表情から多くのことを読み取っています。人が人として喜怒哀楽をどう表すのかを驚異的な吸収力で学んでいくのは乳幼児の一時期だけで、その他には一生のうちに二度とありません。にもかかわらず、周りの大人たちが顔を六割も隠して生活しているのですから、これまでにやったことのない規模での恐ろしい人体実験を社会全体で試みているようなものです。

これは私の造語ですが、周りの大人たちがマスクで顔を隠すことは乳幼児にとって「教育妨害」そのものだと思います。

その点、教育についての意識が高いデンマークなどでは、この感染症の流行時も保育士はマスクをせずに子どもたちに接していたそうです。しかし、日本は一斉にマスクをしていましたから、その結果、保育園では、昼食時に先生がマスクを取ると「口が怖い」と言って泣きだす子どもが出てきているという話も耳にしました。

今という時間は大人にとっては「ほんの一時」であっても、子どもたちにとっては成長過程の中で、もう二度と来ない、かけがえのない時間です。人生の基礎を築く、この重要な時期に、本来育つべき情緒や知能の発達が阻害されてしまうのではないかと、ずっと心配しています。

また、もう少し年上の子どもたち、特に思春期の女の子の中には、マスク依存症になって、素顔を見られることが怖くなってしまった子も多いようです。素顔をさらすことで自分に好意を持ってくれた男の子が「心変わりしてしまうのではないか」と、怖くてマスクを取れない、という話も耳にしました。そんなふうに、子どもたちの間では本当にいろいろな問題が出てきているようです。

今、マスクの装着を熱心に呼びかけている人は、数年経って、このマスクだらけの状況下で育った子どもたちに知力や共感力、体力の明らかな低下が見られたならば、どう弁明するのでしょうか。おそらくは「コロナ世代」と呼ばれるようになる子どもたちを作り出したことに対して「あのときは仕方がなかった」と言って済ませてしまうでしょう。ただ、もし深く反省する人がいたとしても、もうどうしようもありません。過ぎ去った時間は決して取り戻せないのですから。

私は、「今、感染者という名の陽性者がどれほど増えようと、またこの感染症にかかって死ぬ人が増えようと、それよりも、これから先の社会を背負う子どもたちの健全な発育のほうがよほど大切だ」と考えるので、マスクは着用していません。

「マスク着用のご理解とご協力を」と、新幹線や電車でどれほどアナウンスされようと、秋から冬にかけてはマフラーを巻くことで凌ぎ、夏の間は白い耐水ペーパーを口に咥えることで過ごしてきました。ただマスクをしない、というのではなく、わざわざ耐水ペーパーを咥えているのは、子どもたちの教育上の悪影響も考えず、ただ目の前の感染対策のためにマスクを強要することへの抗議の意味も込めてです。

つまり、この状況をおかしいと思う一人ひとりが、何か行動することが大切だと思っているからです。

ある程度の人生経験を積んできた大人であれば、自分たちのことよりも、これからの社会を担う子どもたちのことを考えるのは当然ではないでしょうか。自分たちの生き死によりも（と言っても、この感染症は現在ではすでにインフルエンザ並みのようですが）、子どもたちの健全な成長を願うことが、大人として当然の務めではないでしょうか。それが生物の鉄則だと思います。なぜなら、人間に限らず、生物が集まって社会を構成して生きる上で、その社会がこれから先、より健全な状態で続くように、社会の担い手がちゃんと育つことが、何よりも必要なことだからです。そのことをいちばんに考えなければならない政治家さえ、まったく理解できていないことに愕然とします。

今の日本は民主主義の根幹が崩れている

今回の感染症対策を行うにあたっても政治決定が必要でしたが、その政治決定を行うために審議会や検討会を開くのであれば、当然、異なる意見を持つ専門家を呼んで話し合いを行い、その様子で判断するべきでしょう。ところが、こうした会議に呼ばれる専門家、有識者は「マスクは大事」「感染予防行動を徹底すべき」という感染対策の推進派ばかりです。

メディアの報道を見ていても、マスクの弊害について触れていたのはごくごく少数でした。そもそも子どもたちを身近に見ている教育者の多くがマスクによる教育妨害に無頓着で、ただ上からの方針に従っているだけという現実もあるのでしょう。もちろん、なかには、マスクの弊害に気づき、反対の声を上げている教育者もおられます。

ある保育園では、先ほど触れたデンマークのように、「幼い子どもたちは、大人の表情と、発する言葉から社会性や情操を育んでいくので、その表情をマスクで覆っていてはよくない」という園長の判断から、保育士も園児もみなマスクを外して保育が行われているそうです。そうした見識のある教育者はおられるのに、その声をマスコミは届けようとはしません。

感染対策の決め手といわれていたワクチンにしても、予想をはるかに下回る効果しかなかった上に、重大な副反応でひどい後遺症を患ったり、なかには死亡したりする人も出ているというのに、マスコミが報じるのはやはり推奨派の声ばかりです。

最近になって、ようやくワクチンの問題などが週刊誌でも取り上げられるようになってきましたが、まだまだ世間の大多数の人たちはこうした問題に関してあまり関心を持っていないようです。

二〇二一年二月以降、日本ではワクチン接種が本格化しましたが、二〇二〇年のいわゆる「コロナ死」が三五〇〇人程度だったのに対し、二〇二一年は約一万五〇〇〇人と増加、二〇二二年末には累計が五万七〇〇〇人を超えました。二〇二二年のコロナ死者数は、戦後最大といわれている東日本大震災による死亡者、約一万五九〇〇人に匹敵します。

また、「超過死亡者」（すべての死因を含む死亡者）の増加も見逃せません。東日本大震災のあった二〇一一年に、前年と比べて死亡者が約五万六〇〇〇人増加したのに対し、二〇二一年は、前年と比べて死亡者が約六万七〇〇〇人増加しています。この中にはワクチンが影響していたものがあると考えるのが普通ではないでしょうか。*

このことについては私だけではなく、一部の有識者も指摘しています。たとえば、私も何度もお目にかかっている早稲田大学名誉教授の池田清彦先生は、二〇二二年九月に上梓された著書『専門家の大罪』（サブタイトルが「ウソの情報が蔓延する日本の病巣」、扶桑社新書）にて、超過死亡数が激増したことは「ワクチンがその原因ではないか」と次のようにはっきりと書かれています。

「総死亡数が増加したこととワクチン接種が無関係だとは到底考えられないわけで、報告されている接種後死亡1600件を遥かに上回る人が、ワクチン接種の影響で亡くなっていることは間違いないと思う。」

今回のワクチンはメッセンジャーRNAワクチンという人類史上初めてのものですから、まだ長期のデータは存在せず、わからないことが多いのは当然です。そうであれば必要なのは、ワクチンの安全性と有効性について、推進派の専門家と反対派・慎重派の専門家が徹底した議論を行うことではないでしょうか。それを多くの国民が望んでいるにもかかわらず、行政もマスコミもそうした場を設けようとはしません。

それは、公平に開かれた対論の場で、推進派の旗色が悪くなっては困るからでしょう。反対派・慎重派から「超過死亡が増加した原因はワクチンではないのか」と問われれば、推進派としてはあれこれ理由を挙げつつも歯切れの悪い説明になるでしょうから、ワクチンの印象が悪くなりかねません。それでは国は困るのでしょう。海外から押し付けられたワクチンをなんとか捌（さば）くまでは……と思っているのかもしれません。


しかし、事情はどうであれ、意見の違う人同士が話すことが、民主主義の根幹のはずです。「朝まで生テレビ！」のような討論番組でさえ、推進派と〝少し慎重派〟の話し合いのみで、真向反対派は呼ばれません。

私自身は、民主主義が必ずしも理想的な社会のあり方だとは思いませんが、偏った思考の独裁者が権力を握るよりは良いでしょう。ですから、現実的には今は民主主義で良いのだと思いますが、これまであんなにも「民主主義が大事だ」「民主主義を守ることが大切だ」と主張していた有識者と呼ばれる人たちの大勢がなぜか、今回の感染症騒動では、「できる限りの感染対策をして、コロナ感染のリスクを減らすことが何より大事」という現在の感染対策に同調しています。しかし、私は今回の感染対策に関して何かというと「民主主義の危機」と言ってきたような有識者が、民主主義の根幹が損なわれているにもかかわらず、何もそのことに声を上げないことは本当におかしいと思います。

異なる意見を持つ専門家が話し合う場がない。双方の意見を国民が聞き、考える場がない。そのことに疑問を持って質問をする記者も、「おかしいじゃないか」と声を上げる識者もいない――。その現状に、私はまさに戦後最大の民主主義の危機を感じています。

＊2021年の人口動態速報 死亡者が一転急増（FPS－net）
https://www.fps-net.com/topics/4280.php
死者数1万5900人 東日本大震災11年、警察庁まとめ 日本経済新聞（nikkei.com）
https://www.nikkei.com/article/DGXZQOUE099ZW0Z00C22A3000000/
令和3年（2021）人口動態統計（確定数）の概況 第2表―1 人口動態総覧の年次推移
https://www.mhlw.go.jp/toukei/saikin/hw/jinkou/kakutei21/dl/04_h2-1.pdf

次世代に影響を与える問題は何か

民主主義の危機と言えば、安倍晋三元首相の国葬に関しては、選挙応援中に銃弾に倒れるという悲劇に弔意を示す人が多くいた一方で、「国葬の決定が一方的で、民意に反している」と、賛否両論が出てメディアもこぞって報じていました。

ただ、私は、国葬の是非よりも、マスクの着用推奨やワクチンの接種などの是非をめぐる議論が公平公正な形で行われていないことのほうが、よっぽど民主主義の危機だ、と思っています。その是非はともかく、国葬は一日ですから、やってもやらなくても子どもたちの成長に支障を与えることはないでしょう。しかし、感染対策はもう三年にも及び、その間、マスクで顔を覆い続けているわけです。子どもたちへの影響を考えると、国葬の是非を論議することよりも、感染対策の是非を考えるほうが一〇〇倍は重要だと思います。

財政という面でも、国葬にかかった経費は約一二億四〇〇〇万円、コロナ対策のために国が用意した予算は二〇二〇年度だけで約七七兆円といわれていますから、桁が違います。ついでに言えば、東日本大震災の復興予算は一〇年で約三二兆円です。この感染症にいかに莫大なお金が投じられているのかがわかります。

ちなみに、マスメディアではコロナ対応に奮闘している医療機関の様子がしきりに報じられましたが、その一方で、「コロナはカミカゼ（神風）だよ。吹いていてくれなきゃ困るね」とほくそ笑んでいる医療者も少なからずいるそうです。これは、知り合いの医療関係者から直接聞いた話です。それだけ一部の医療機関にとっては、この新型コロナウイルス感染症は大きな収益をもたらしてくれるものであり、このパンデミックを金儲けの機会として考えている医療関係者が少なからずいるということでしょう。

もう一〇〇兆円以上は使ったと思われるコロナ対策関連の経費は、こうして一部の医療者の懐を潤しただけで、なんら生産的ではないどころか、子どもたちの元気をなくし、健全な成長を妨げ、若い人たちの自殺も増やしてきたわけです。一〇〇兆円をドブに捨てたどころか、悪いほうに投資したようなものです。それに対して説明を求める声が大きくならないのはなぜなのか。そのことのほうが、国葬問題よりもよっぽど深刻だと思います。

さらに言えば、コロナ対策よりも、福島の原発の処理のほうも、一〇〇倍か、それ以上深刻でしょう。

何が今、問題なのか、何が後世に影響を与えるのか――。これからの社会を考えていく上での優先順位が滅茶苦茶になっていることに、背筋の凍る思いがします。

おかしいことを「おかしい」と思える、言える子どもに

先日、「これからの教育実践ゼミ」という、NOTHが主催し、私をホストにしてゲストを招きオンライン上で配信している対談で、「内科医の端くれ」先生とお話ししました。

この方は、今回の感染症騒動について「コロナが減りそうな対策なら、被害は度外視でなんでもやる」という世の中の姿勢に疑問を抱き、もっと益と害のバランスを考えて感染対策を考えるべきではないか、もっと社会の持続可能性を考えるべきではないか——と、ツイッター（Ｔｗｉｔｔｅｒ）を中心に世の中に発信をされている医師の方です。

誰もが名前を知っているような大きな病院に勤められている現役の医師ですから、たとえ今の感染対策がおかしいと感じても、黙っていたほうが波風も立たないでしょうし、「おかしい」と積極的に発信することにメリットはまったくと言っていいほどないでしょう。

それでも、このおかしさに声を上げられたのは、医師としてだけではなく、一人の人間として、そして何より幼い子どもを持つ親として「このままでは日本の未来がおかしくなってしまう」「家族との幸せな暮らしも遠ざかってしまう」と思い、どうしても黙っていら

れなかったからだそうです。

おっしゃることは人間としての良心に基づく極めて真っ当なお話で、こうした医師から発せられるメッセージこそ、多くの人に届けるべきだと思わずにはいられませんでした。

たとえば、医者の世界では、どんな薬であれ、まったく新しく出た薬には用心が必要で、「新薬は2年寝かせろ」という格言もあるそうです。

ところが、ことワクチンに対しては、他の薬とは違って〝ワクチン信仰〟とでも呼ぶようなものがあり、ワクチンに対して疑問を呈するとか、ワクチンを打たないという選択をすることはタブーで、「ワクチンは人々を救うものだ」と信じて無批判に接種する医者が非常に多いというのです。

なおかつ、自然に感染したときにつく免疫のほうがワクチンの効果よりも優れているということはこれまで常識であったにもかかわらず、すでに感染した人も含めて二度、三度とワクチンを打つ必要があるのか、重症化のリスクは低いにもかかわらず、ワクチンの副反応というリスクを負ってまで打つ必要はあるのか——と考えるのは自然な感覚だと思うものの、多くの医者は、自然な感覚よりも今回のワクチン接種に関する論文のデータや公的機関の言うこと、そして「周りの医者がなんて言っているのか」に流されてしまう、と嘆いておられました。

「科学、科学」と言いつつも、結局は医者が属している社会の空気で進んでいき、そこに「従来の医学常識で考えればおかしいのでは」と疑問を呈する医者は、「内科医の端くれ」先生の身近には一人もいないのだそうです。

「内科医の端くれ」先生のお話はいちいちもっともで、本来なら現在の医学界を代表する人が言わなければいけないようなことを発信されているにもかかわらず、「内科医の端くれ」と名乗って、身分を明かせない状況であることは、今の日本社会のおかしさを象徴しているように感じました。

これからの時代を生きる若い人たちや子どもたちには、マスコミから無批判に流される偏った情報を鵜呑み（うの）にするのではなく、「なんだか、おかしい」と思うことがあればその直感を大切にし、柔軟な発想力を身につけてほしいと心から思います。そのためにもぜひこの「内科医の端くれ」先生が毎週水曜日の二二時からツイッターの「スペース」で発信されている「端くれラジオ」に耳を傾けていただきたいと思います。

外での自由な遊びが子どもの成長には必要

コロナ禍では、「不要不急の外出は控えるように」という国や行政の指導のもと、子どもたちの自由な遊びも奪われました。この感染症が流行する前から、子どもたちが外で遊ぶ機会は減っていましたが、感染対策という名目の下、外出自粛やステイホームが叫ばれ、子どもたちが自由に外で遊ぶ機会はますます奪われていきました。

私は、子どもが外で遊ばなくなったことは非常に大きな問題だと感じています。それは、外で、それも野山など自然の中で遊ぶことでしか得られない体験があるからです。

私が子どもの頃、自宅の周りには里山の風景が残っていました。今では丘陵が切り崩され、大規模な住宅街と化していますが、当時は本当に美しい自然に囲まれていたのです。今でも薄っすらと記憶にあるのは、夏に星空と見間違うほどに乱舞していた蛍です。これは農薬の普及とともに、まったく姿を消しました。

高校時代の私がはまっていた遊びの一つは、斜面に生えている竹林の上のほうから竹を伝って下りてくることでした。

まず一本の木に登り、そこから近くの竹の梢をつかんで飛び移ります。そうすると竹がしなるので、少し斜面を下った所にある竹の梢をつかめます。そして、またその竹がしなって下った所の竹の梢に移る。そうやって竹から竹へと移りながら斜面を下りていき、最後は、竹の特に上のほうにつかまると地面すれすれの所までしなるので、フワッと降り立つことができます。そんな遊びをよくしていました。

やったことのない人には難しそうに感じるかもしれませんが、そう難しいことではありません。竹が密生していたので、一本の竹を手でつかんだまま、周りを足で探ると必ず近くの竹のどれかには当たるのです。その足で触れた竹をパッとつかむと、竹がしなってまた次の竹へと移動できます。竹はよくしなるので折れることはありませんし、仮に折れたとしても折れる前に縦に裂けますから、いきなり折れて落ちるわけではないので、大きな怪我をすることはありません。ですから安全なのですが、自然の中ですから、何が起こるかわかりませんのでほどよい緊張感もあり、非常に面白い遊びでした。

こうした遊びの中で身体の使い方が身についたり、身体が丈夫になったりしたことは間違いないと思います。そして、得たものはそれだけではなかったと思います。

竹はしなるから安全といっても、今も言いましたが、自然の中で遊んでいると想定外のことが起こるものです。

たとえば竹がしなって身体が下がっていった先に、何かで折れた木があって、それに身体の一部が当たれば怪我の恐れがあります。そういうときにどう対応するか、咄嗟(とっさ)の判断が求められます。ですから、自然を相手に遊ぶことは、咄嗟の対応力やトラブルが起きたときの納め方といった能力を養うことにもつながります。

かたや、今の子どもたちが「遊ぶ」というと、多いのがゲームやユーチューブ（ＹｏｕＴｕｂｅ）のような動画でしょう。画面の中でいくら驚くようなことが起ころうと、それは誰かが考えた想定内の出来事ばかりです。そうした想定内の世界の中でばかり遊んでいては、身体だけではなく頭も、対応力は育ちません。

先日、五歳になった孫が私の道場に来て夢中になっていたのが、壁に立てかけてあった梯子(はしご)に上ってジャンプをする遊びでした。最終的に六段目から跳び下りられるようになったのですが、梯子の六段目というと本人の身長の二・五倍ぐらいもあるのですから、なかなかの高さです。

そうした遊びを「危険だからやめなさい」と言って咎める親は多いのかもしれません。しかし、子どもというのは、危ないことをするから身体が育つのです。「危ない！」と思い、ハッとすることでまだ未熟な循環器の働きが育つといわれています。

そもそも生きているということはリスクだらけです。生きている限り、怪我や死のリスクは付きまといます。いつなんどき何が起こるかわからないのが世の中なのに、親がすべてのリスクを先回りして回避していたら、最終的に困るのはその子本人でしょう。いざ社会に出てさまざまなリスクと対峙したときに、自分の身を守る術をたいして身につけていないのですから。

新型コロナウイルス感染症の話にも共通しますが、「ノーリスク」を考えること自体がナンセンスです。

何が起こるかわからない現場に飛び込んで自分自身の身体感覚を使っていろいろな体験を積み重ねてこそ、柔軟な発想力や咄嗟の対応力といった人間としての基本的な能力が養われるのだと思います。

しかも、遊びというのは誰かに押し付けられてするのではなく、自発的にすることですから、ものすごいスピードと密度で子どもたちは学んでいくことができます。そういう遊びの中での自発的な学びの機会が失われていることが、単に子どもたちの身体が弱くなってきたということにとどまらず、発想や対応力、コミュニケーション力といった、人として生きていく上で必要な、全般的な能力の低下につながっていくのではないかと危惧しています。

人に不親切であることに大義名分を与えない社会に

もう一つ、行政やマスコミが過剰なまでの感染対策を推し進めようとすることに、私が大きな違和感を覚えるのは、これまで続いてきた社会の当たり前を、いとも簡単に投げ出していいのかということです。

人と会って話す、仲間同士で集まる、ともに遊ぶ、触れ合う、困っている人がいれば手を差し伸べる――。

そうした、これまで当たり前にやってきたことに対して、感染対策と称して、やれ「ソーシャルディスタンスだ」、やれ「黙食だ」「マスクだ」と、咎めているわけです。今では、学校側が対面での給食を認めても、子ども自身が「感染が怖いから」と机を正面に向けて一人黙々と食べるスタイルを選ぶこともあるそうです。そうやってみんなが強迫神経症になったかのように神経質になっていけば、たとえ目の前に困っている人がいても、「話しかけて感染したらどうしよう」「自分が気づかないうちに感染していて、うつしたらどうしよう」などと考えて、サッと手を出せなくなるでしょう。しかも、困っている人を助けないことに「感染する（させる）かもしれないから」という立派な言い訳がついてしまうのです。

人のためになることをしないことに大義名分がついてしまうというのは、大きな問題です。不親切であることに言い訳ができてしまう世の中は、どう考えてもおかしいでしょう。それは極めて不健全な社会だと思います。

高齢者は自分より若い世代の健康を優先すべき

さらにもっと大きな視点では、この地球上にそもそも人間が増えすぎているのではないか、ということが言えます。現在、世界の人口は八〇億人に達したようです。あと三五年もすれば、一〇〇億人の大台を迎えるともいわれています。

人口が増えれば、その分、資源や食糧の不足が深刻になり、貧困にあえぐ人がますます増えます。だからこそ、戦争がなくならないのです。

人間が増えすぎれば、殺し合いが起きてしまうのはどうしようもない現実です。それは、生物としての本能なのでしょう。「戦争は良くない」「戦争なんてやりたくない」とほとんどの人たちが思っていながら一向に戦争がなくなることがない、いちばんの原因は、人間には知恵があるからだと思います。他の動物と違って天敵への対策や災害への対応などができるという、どうしても数が増える要素が揃っています。そのため人間には、互いが天敵となるという、いわば「業（ごう）」が備わってしまったのだと思います。

その結果、人間の歴史は戦争の歴史と言っても過言ではないと思います。生物にとって同種の個体数の増えすぎは大変な問題です。それを調整していたのが天敵と感染症だったと思うのです。

こうしたことを考えると、戦争で命を奪われる悲惨さに比べれば、感染症という病気で命を落とすほうがまだマシではないでしょうか。

昆虫界を見ていても、不自然に増えすぎると必ずワッと病気が蔓延し、バタバタと死んでいくのです。たとえば、「野蚕と大根は当たったためしがない」という言葉があります。野蚕とは「山繭」とも呼ばれる野生の蚕のことで、自然の野山の落葉樹のてっぺんなどに繭をつくっています。高い木のてっぺんなどで、なおかつ、あっちの木に一つ、こっちの木に一つという感じでところどころに繭をつくっているので、それらを集めるのは並み大抵の苦労ではありません。

そこで、野蚕の幼虫をクヌギ林にたくさん放して大量飼育し、効率よく繭を集めようとすると、野生の蚕は必ず病気にかかり、死んでいくそうです。だから、そうやって大儲けを狙ってもその事業は失敗してしまうのだと聞きました。このことは、そもそも生き物を限られた空間で効率よく育てようとすること自体が不自然な行為であるということだと思います。

今回の感染症騒動のさなか、私は、「ああ、人間が増えすぎたのだな」と、この野生の蚕の話を思い出していました。

なおかつ、この感染症は、若い人たちがバタバタと死んでいくわけではなく、体力のない高齢者のほうが、重症化したり死んだりするリスクは高いようです。

長く生きた者から順にこの世を去る、身体の機能が衰えてやがて病気に抗えなくなって死んでいくのは、自然の摂理です。ですから、「罹る人は罹り、死ぬ人は死ぬ」とシンプルに受け止めることが、後世に余計な影響を残さない、いちばんの方法だと私は思います。

ところが現実はというと、先ほども述べたように、これまでの当たり前をことごとく壊し、これからの社会を担う子どもたちの健全な成長を妨げています。

「高齢者を労りましょう」ということは昔から伝わっている美風であり、そのことに異論はありません。しかしながら、高齢者の健康を過度に気遣うあまり、子どもたちや若い人たちにマスクや消毒を強い、人と会うことも制限し、果ては「高齢者にうつさないように子どもたちもワクチンを」と推奨するのは「人として、まったく間違った行動だ」としか私には思えません。

これまでにも子どもから高齢者に風邪やインフルエンザがうつって、そこから肺炎にかかり、高齢者が死ぬことはごく普通にあったはずです。それに対して「孫のせいだ」などと言うことはありませんでした。にもかかわらず、今回の感染症では「大切な人の命を守るために感染しない、感染させない」などとしきりに言われていました。私には、子どもたちに罪の意識を持たせるほうがよっぽど罪が深いようにしか思えません。

　また、かけがえのないそのときをただ普通に楽しんでいる若者たちに対して、「あなた方の勝手な行動で私たちを殺す気か？」などと血相を変えて文句を言う高齢者が少なからずいたことには、本当に心が暗くなりました。私だったら、銃を突きつけられて「言え」と言われてもそんな恥ずかしいことは言えません。


　なぜ、自分たちのことよりもこれからの社会を担う若い人たちや子どもたちのことを考えることができない高齢者が増えたのか。なぜ、「高齢者のほうが罹りやすいのなら、タチのいい感染症だね。私たちはもう十分に生きたから、順番からいって自然なことだね」と言える高齢者が少なかったのでしょうか。

　昔の高齢者であれば、「私はもう十分生きたから……」と本気で言える人がもっとたくさんいたはずです。昔に比べて今の日本人は大卒が増え、学歴が上がったといわれますが、人生に対する見解の深さは、昔の人のほうがよっぽど深かったと、この頃つくづく思います。

　今はどうしてこんなにも醜い高齢者が増えてしまったのか、同じ「高齢者」と呼ばれる者として本当に情けなくなります。ただ、「醜い高齢者」などということは若い人たちからは言いにくいでしょう。ですから、この感染症が流行したときに、私が古希を超えていて良かったと心から思っています。

矛盾に満ちた世の中に必要な、本来の道徳とは

ロシアのウクライナ侵攻に対する報道や世間の反応を見ていても、強い違和感を覚えます。一般的な報道だけ見ていれば、ロシアが領土拡大の野心を起こして、ウクライナに攻め込んだように見えますが、西側諸国がウクライナにさまざまな高性能武器を配備したり、施設をつくったりしてロシアを刺激したことは、今回の戦争の大きなきっかけとなっています。しかし、そうした報道は表に出ません。とはいえ、ウクライナでの平和な生活を乱された人たちが大勢出ているのは確かですから、もちろん私も早期に穏やかな日々が訪れることを心から願っています。

ただ、私がおかしいと思うのは、「戦争は悲惨だ」「人の命が何よりも大事だ」と言っている一方で、「ウクライナが大変だ、ウクライナ頑張れ」「ウクライナを支援しよう」とお

金を出し、結果的に武器を提供するということは、「ロシア兵を殺せ」と言っているのと同じことです。戦争そのものに反対し、両者の軍事攻撃を止めようとするのならわかります。でも、世間は、「ウクライナを支援しよう」という声一色でした。それは「人を殺すことを肯定する行為」であるにもかかわらず、です。その矛盾を多くの人が自覚していません。

新型コロナウイルス感染症に関しては、あんなにも「×人が死んだ、大変だ」「何よりも命を守ることが大事だ」と大騒ぎしていた一方で、かたやウクライナ侵攻に関しては「ロシア兵は殺せ」と言わんばかりにウクライナを支援するというのは、おかしいとは思わないのでしょうか。

そうした世の中の矛盾を、初めて私が強い衝撃を持って思い知らされたのが、一九歳の夏でした。このとき農学部畜産学科の二年生だった私は、夏休みに岩手県にある農場で実習をしていたのですが、そこで卵から孵ったばかりの鶏のオスのヒナが無残にも処分されている光景を目の当たりにしたのです。卵から孵ったヒナは雌雄鑑別され、卵を産まないオスのヒナは生きたまま特大のポリ容器にどんどん投げ入れられ、ぎゅうぎゅうに詰め込まれて捨てられていました。

「生き物をかわいがりましょう」「命を大事にしましょう」とは、現在の社会通念であり、教育においても基本です。ところが、そう表では言いながら、現実は、卵を食べたい、しかも安く食べたいという人間の欲のために、生まれたばかりのオスのヒナは大量虐殺されているのです。そんなことがまかり通って、しかも当たり前のように行われている現実を目のあたりにして、今後、この分野で生きていくのは、自分には無理だと思いました。

そして、こんなふうに生き物の命を踏みにじった上に現代社会の経済や生活は成り立っているのだと、そのときに初めて気づいたのです。この出来事が決定的な契機となって、私は畜産の道から離れる決意をしました。というよりも、私にはとても耐えられなかったのです。


ウクライナを支援しようという流れは、一見、優しさのように見えてロシア兵を殺すことを肯定しているということ、「生き物をかわいがりましょう」と言いながら卵の値段を安くするためにオスのヒナを大量虐殺していることは、どちらも、表立っては語られない現実です。都合の悪い面はあえて隠し、議論の対象にしないようにしているところがよく似ています。

しかし、現実に目を背けず、もっと根本的に議論をする必要があるでしょう。「命を大事にしましょう」「生き物をかわいがりましょう」という表面的な道徳教育ではなく、もっと根本的な問題を深く考えることが大切です。私は、大人が子どもたちに言えないようなこと、見せたくないようなことはやるべきではないと以前から思っています。

今こそ全国民が「人はいかに生きるべきか」を考えるとき

新型コロナウイルス感染症のことに話を戻しますと、誰と会うにもマスクをつけて、どこに行っても消毒を求められ、大人数で集まろうとすれば咎められる……、そんなことを人々に強い続けていれば、人と人との信頼関係は崩れることはあっても深まることはないでしょう。これからの世の中の住み心地は、いったいどうなっていくのでしょうか。そんな社会を次の世代に残していくことが善いことなのでしょうか。

私は、こうした大きな問いに全国民が直面している今こそ、「人が生きるとはどういうことか」という本質的なことを考えるべきだと思います。

ところが、そのことをツイッター上に書いたところ、「とにかく今は感染対策が先決です。そういうことはコロナが収束してから考えましょう」という反論がありました。つまり、その人は「人が生きるとはどういうことか」を考えることは不要不急のことであり、ただの趣味のようなものだ、と捉えているのでしょう。

私はその反論を見て「ええっ?」と驚きましたが、すぐに「ああ、これが現代に生きている多くの人の偽らざる本音なのだな」と気づきました。

「人間がいかに生きるべきか」「自分はいかに生きていきたいのか」は、私にしてみれば、人生の本質ですが、大方の人にとっては〝ゆとりがあるときに趣味で考えること〟、もっと言えば、ほとんど考えもしないことなのだと思います。つまり、多くの人は、「人が生きるとはどういうことか」という本質的なことを考えてこないまま、大人になり、ただ目の前の仕事をし、仕事の憂さを好きなスポーツを見たり、趣味の何かをしたりすることで晴らし、また仕事をするという毎日を繰り返してきたのでしょう。

そうやって仕事と趣味の世界を往復しているだけで、やがて年を取り、一生を終えることはできます。ただ、「人はいかに生きるべきか」という核が自分の中にないからこそ、今回の感染症のような正解の見えない問題を突きつけられると急に怖くなって、宅配便の配達人にいきなり消毒液を吹きかけるなどといった、無礼極まりないことを平気で行う高齢者が出てきたり、はたまた〝マスク警察〟と呼ばれるように、それまで退屈した毎日を送っていた人が、行政が勧める行動基準を後ろ盾にして変に張り切って、自己満足のための正義を振りかざしたりするのです。

このような、人生の核となるべき「人はいかに生きるべきか」ということを考えないまま生きている人が多い根本的な理由は、私は人を育てる教育にその視点が欠落しているからだと思います。

生きているということは、常に死のリスクを抱えています。その生を、生き生きと溌剌（はつらつ）として謳歌（おうか）するのか、萎縮して鬱々としながらも、とにかく生きながらえることが大事とするのか、それはその人の人生観が深く関わっています。そのことを今こそ、全国民が考えるべきときではないでしょうか。

第二章

まず学ぶべきは「いかに生きるか」

「こうあるべき」と教えるのではなく、「どうあるべきか」を考えさせる

教育とは本来、人が「人として自らの生をまっとうできるようにする」ためにあるものです。つまり、教育の本来の目的は「人はいかに生きていくべきか」をしっかりと考えられるようにすることです。

ところが今は、公立の学校ですら、受験本位、つまり有名大学に入学するための勉強になっていて、「どう生きるか」という、いちばん肝心なことが、すっかりないがしろにされているように感じます。

「どう生きるか」を考えさせる教育は、教科で言えば道徳に当たるのかもしれませんが、学校で行われる道徳教育となると、「思いやりの心を持ちましょう」「命を大切にしましょう」「生き物に優しくしましょう」「社会の決まりを守りましょう」などと、「こうあるべき」という価値観を、大人が子どもに一方的に教える形になりやすいものです。

そうではなく、人が「人としてどうあるべきか」というのは、一人ひとりが一から考え、本当に納得のいく答えを自分自身で見つけなければ本来の価値はありません。

なぜなら、「どう生きるか」という問いの答えは、人から与えられるものではないからです。

では、どうやって学べばいいのか。もちろん、それは一朝一夕にはいきません。しかし、まずは「人が人として生きるとはどういうことか、いかに生きていくべきかを考えることは本当に大事なことだよね」、そして「そのことは、将来にわたってずっと考えていくことだよね」という考えをみんなで共有する雰囲気をつくることが、大切だと思います。家庭、学校、そして社会全体に、そうした雰囲気がなければなりません。


その昔、といってもほんの一五〇年ほど前ですが、武士たちには「いかに生きるか」というはっきりとした芯を持った者が少なからずいました。卑怯な真似はしたくないという強い信念を持っていたことが垣間見えるエピソードは、さまざま残されています。特に薩摩の武士は覚悟のほどが強かったようで、こんなエピソードがあります。

ある殿様が家臣を連れて狩りに出かけたときのこと。家臣の一人が鉄砲を撃ったところ、殿様が仕留めたいと思っていた獲物が驚いて逃げてしまったのです。怒った殿様は「以後、勝手に鉄砲を撃ったものは切腹だぞ」と一同に申し渡しました。すると、家臣たちは皆一斉に鉄砲を撃ったのです。

不思議に思うでしょうか。「鉄砲を撃てば切腹だぞ」と言われたにもかかわらず、なぜ家臣たちは我先にと鉄砲を撃ったのか。それは、「切腹だぞ」という理不尽な脅しに屈するようでは自分の名誉に関わる、「死を恐れて自分のやりたい行動を思いとどまるのは武士の恥」ということを、あえて鉄砲を撃つことで表明したわけです。

つまり、「いかに生きるか」という覚悟を常に持って行動していたということでしょう。この殿様は、自分の家臣のプライドの高さを改めて思い知り、それを理解していなかった自分のことを恥じたそうです。

はたまた、天下分け目の戦いといわれる関ヶ原の戦いでは、西軍についた薩摩の島津義弘は、敗戦がほぼ決まり戦場から去るときに、敵陣を正面突破して逃げたことが知られています。普通であれば自軍のほうへ逃げていくところを、あえて前方へと突き進み、最終的には徳川家康の本陣の前を通って逃げ切りました。当然、大勢の家臣が討ち死にしましたが、それでもどんどん敵のほうに突き進みながら逃げることを選んだのです。

戦いの後、石田三成を筆頭とする西軍についた武将たちは皆、領地を没収されたり減らされたりしましたが、薩摩藩だけは敵方だったにもかかわらず、少しも領地を減らされませんでした。それは、敵軍を突破して逃げた、その凄まじさに一目を置かれたからでしょう。家康としても、あれだけの覚悟を示した薩摩藩に制裁を加えたら何をするかわからない、という思いがあったのかもしれません。

それだけ、当時の武士たちは「武士として、人として、いかに生きるか」にプライドを持ち、覚悟を持って生きていたのです。もちろん、戦国時代と今では世の中が全然違います。泰平が続いた江戸時代の後期ともなると、情けない武士たちも生まれました。ましてや今の社会で、そこまでの覚悟を持てというのは難しいでしょう。それでも、「いかに生きるか」という人生の芯になるべき部分が、現代ではあまりにもなおざりになっているように思えてならないのです。

命の尊さを伝える「いのちに触れる」授業

今から三、四〇年前に、人が生きるとはどういうことか、いかに生きるべきかを、信念を持って子どもたちに伝えた、鳥山敏子先生という教育者がいたことが思い出されます。公立学校の教師だった一九八〇年代にさまざまな形で命の尊さを伝える授業を実践されていました。その一つが、生きた鶏を何羽か屋外に放ち、子どもたちと一緒に捕まえて絞めて殺し、解体して料理して食べるという授業です。

この授業については『いのちに触れる　生と性と死の授業』（太郎次郎社）に詳しく書き残されています。そこには「『生きているものを殺すことはいけないこと』という単純な考えが、『しかし、他人の殺したものは平気で食べられる』という行動と、なんの迷いもなく同居していることがおそろしくてならない」と綴られています。

さらには、「生きるということは、ほかの生きもののいのちをとりいれることである。自分が生きるために奪ったそのいのちは、自分が生きるためにぜんぶ使うのでなければならないということなのだ」とも書かれています。


鳥山先生がこうした授業を行っていた四〇年近く前でも、子どもたちの前で、しかも、子どもたちの手で鶏を殺して料理して食べることに対して「残酷だ」という声があったそうです。今であればそうした声は一層大きく、あまりの反対の多さに実現できなかったかもしれません。すぐにＳＮＳなどで炎上したことでしょう。

当時、鳥山先生の授業を受けた子どもたちは、言葉にできないほどの衝撃を受け、葛藤もしたでしょう。しかしながら、「命を大切にしましょう」「生き物をかわいがりましょう」

と言葉で伝えるだけの授業では到底たどり着くことのできないほど、命について、生きるということについて真剣に考えたはずです。その考察は、その後の人生でも幾度となく繰り返されていったのではないでしょうか。

私は縁があって、鳥山先生から直に、教育者として体験した難しい問題についてのお話を伺ったことがあり、「これほど真剣に教育に向き合われているのか」と感じ入った記憶があります。

私自身、前述したように、大学時代に実習先の農場でオスのヒナの命が命とも思われないような扱いをされている現実を目の当たりにしたことで、人間の生き方について深く考えるようになりました。強く衝撃を受けた出来事でしたが、その衝撃が大きかっただけに、自分自身の生き方を大きく変えるきっかけとなったことは間違いありません。今振り返ると、一〇代の終わりというあの年代で現実を知ることができたのは良かったと思います。

ゆとり教育が本来目指したもの

一九八〇年代から、「ゆとり教育」という名の下、小中高校の授業時間数は段階的に削減されました。特に二〇〇二年度からは、学校の完全週五日制が実施され、各教科の学習内容は一律に三割ほど削られました。それは、それまでの詰め込み教育への反省に基づいた方向転換だったといわれています。

ところが、その後、「学力が低下した」「目標とされていた『生きる力の育み』が達成されていない」「元の方式の教育に戻せ」などの議論が湧き起こり、結局のところ、一〇年足らずで再び授業数は増やされ、脱ゆとり路線に戻っていったようです。

たしかにゆとり教育は、結果的にあまり機能しなかったという点があったかと思いますが、私はもともとの方向性は間違っていなかったと思っています。

自ら学び、自ら考えるという生きる力を育むことが、本来のゆとり教育の意味だったはずです。国語や算数、理科といった教科の枠にとらわれない「総合的な学習の時間」が取り入れられたのも、いま身の回りに起きていることを切実な問題として捉え、自ら考えていく力を育もうということだったのではないでしょうか。しかも、机に座って学ぶのではなく、自然の中、遊びの中で学ぶという、ゆとり教育の持つ本来の方向性は、大いに賛成のできるものでした。

しかしながら、団塊の世代に、「金にもならないことをのんびり考えていたってしょうがない」などと思われてしまったのかもしれません。

思考を鍛えることが本来の教育

私は、知識を詰め込むよりも思考を鍛えることが、本来の教育だと思います。そして、その思考も、身体の実感を通して確かなものにしていく必要があると思っています。

以前に、『婦人公論』という雑誌の「三人寄れば無礼講」という清水ミチコさんの連載で、養老孟司先生となぜか私が呼ばれ、鼎談(ていだん)をしたことがありました。養老先生とは、もう三〇年来のお付き合いになります。まだまったくの無名だった私のことをなぜだか面白いと思ってくださり、いろいろなところで私を紹介してくださいました。ですから、私にとって養老先生は恩人であり、無名の頃は身元保証人のような存在でした。養老先生との出会いがなければ、おそらく今の私はなかっただろうと思います。

さて、清水さんと養老先生と私との鼎談は、それはとても楽しい時間でした。その中で、私がある球技の指導者とのエピソードを紹介したところ、養老先生から「それは『ソクラテスの産婆術』ですね」と言われました。

私が紹介したエピソードとはどういうものだったのかと言えば、ある球技のコーチの前で技の実演を行ったときに「そういうことはあなただけができても意味がない。誰でもできないと」と言われたのです。

私の技と理論は従来のスポーツとはまったく異質のものですから、それが有効であればあるほど嫌な顔をされるという経験は、それ以前にも幾度となくしてきました。ですから、「ああ、またか」と思いつつ、同時に「それにしても考えの浅い人だな」と思いました。そのときの雰囲気から察すると、そのコーチは仲間うちでは論客として一目置かれていて、それだけに私に対して何か言わないと日頃の権威が保てないと思ったのかもしれません。そこで、私は次のように返しました。

「では、あなたは、他人が真似できないような技を行うイチローやマイケル・ジョーダンのような選手は無意味だと思っているのですね？」

そう問いかけると、そのコーチはようやく自分がどんなに馬鹿なことを言ったのかと気づいたようで、返す言葉さえなく、気まずく沈黙していました。おそらく、何か一言私に言って、私が答えに窮するところを仲間に見せたいと思い、ふと思いついたことを口にしてしまったのでしょう。確かに消火器の使い方なら万人ができるようにすべきでしょうが、そうした非常時用のことと技のことを混同してしまったようでした。

そんなエピソードを話して養老先生から言われたのが、「ソクラテスの産婆術ですね」だったのです。

ソクラテスの産婆術とは、対話を通じて相手の曖昧さや矛盾を指摘し、無知の自覚を促し、話の本筋へと導く問答法のことです。ソクラテス自身の母親の職業になぞらえて、そう命名したといわれています。

養老先生も、そうした問答を講演などで時々行うそうです。

たとえば、「私たちは裸で外を歩いたら捕まります。なぜいけないんでしょう?」などと、問いかけてみる。すると、聴衆の一人から「若い人に影響があるから」などの答えが返ってきます。そこで、「じゃあ、若者に悪影響があるとどうなるのでしょう?」とさらに問いかけ、「世の中が乱れる」と返ってきたとします。さらに、「世の中が乱れると、なぜ駄目なんですか?」と問うと、そのあたりで大抵の人は怒るのだそうです。

「意表を衝いた話をすると、思考の到達点がわかるわけですよ。やっぱり考えていない人が多い。裏を返すと、人間はもっと考えることが必要なんです」と話されていました。

ところが、今の教育はその反対に向かっているように感じます。まずは公式や定理、法則を教えて、それを頭に入れることから始める。自分で考える前に「この公式を使いなさい」と教えてしまうわけです。それでは、公式を応用して似たような問題を解くことはできても、世の中で遭遇するような、明確な正解のない問題には手も足も出ないでしょう。

その何よりの証明が、現在の新型コロナウイルス感染症対策の問題に対して、その弊害を指摘する声が驚くほど少ないことです。行政が「こうしてください」と言っても、本当に問題の本質を考えている人なら、その要請について自分の意見を言わずにはいられないはずです。

「なぜ人を殺してはいけないのか」という問い

「意表を衝いた話をすると、思考の到達点がわかる」という養老先生の言葉に関連して、以前に、「なぜ人を殺してはいけないのか」という課題に対する答えを書いてほしい、とあるメディアから依頼を受けたことがあります。当時、一〇代の若者が「人を殺してみたかった」というような理由で殺人を犯す事件が相次いでいたのです。それで、私以外にも、文化人や有識者と呼ばれるような人たちにアンケートが行われたわけです。

そのときの私の答えは、すでに本書の中で触れた次のような内容でした。

まず、生物には、生物の基本として「同種は殺さない」ことが本能として備わっています。ですから、人間同士が殺し合いをしてはいけないということが、生物としての大前提としてあるでしょう。

ただ、それと同時に、知恵が他の動物より格段に発達していて、そのため天敵をなくしてしまった人間は、第二の本能として自分たちが天敵となる。人が人を殺すという衝動も潜在的に備わったことは、否定できないと思うのです。

人間は、文明を発達させ、地球環境を改変し、自分たちがより生き延びやすい環境をつくってきました。持ち前の知恵を使って猛獣をはじめとした天敵にも対応できるようになり、台風などの天災による被害もある程度防ぐことができるようになってきました。また、感染症をはじめとした病気や怪我にも、それなりに対応してきましたが、近代に入り、驚くほど昔より対応できるようになっています。

昭和の初めの頃までは、生まれた赤ん坊の一〇人に一人以上が一年以内に死亡するような世の中で、一〇人兄弟のうち無事に大人になったのは三分の一ということが珍しくはありませんでした。ところが今は、生まれて一年未満の乳児の死亡は一〇〇〇人に二人もいないそうです。

人間は知恵を絞って、他の動物たちよりも工夫し、自分たちの死の危険を驚くほど少なくしてきました。そうすると、より多く生き残るようになり、当然、増えすぎるようになりました。人口が増えすぎれば、資源や食糧が不足して問題になることは第一章でも触れたとおりです。

「天敵」は、ある面では、その「種」にとって必要な存在でもあるのです。

有名な例が、アメリカのイエローストーン国立公園の狼の話です。家畜の牛を捕食するからという理由で、この地で食物連鎖のトップにいた狼がどんどん殺され、一九二六年には最後の狼が駆除され、イエローストーン国立公園では一時、狼が絶滅しました。

それで問題は解決したのかと言えばそうではなく、牛は殺されなくなりましたが天敵の狼がいなくなったことで草食動物の鹿が増えすぎて、その鹿が草木を食い荒らし、自然の植生を滅茶苦茶にしてしまったのです。そうして鳥や両生類、川魚といった野生動物が激減していきました。

そのため結局は、カナダから狼の群れを移入することになったのです。狼の群れを放したところ、四半世紀ほどかかりましたが、荒れていた植生も戻ってきたということです。

そうした自然界の様相から、天敵はなくしてはいけないということを教えられます。ところが人間は、すでに述べたとおり、便利な生活、安全な生活を求めるあまり、天敵をはじめとする数々の危険を排除してきました。その結果、当然の報いというか、必然的な結果というか、我々はさまざまな矛盾に直面しています。

すでに述べたように人間は、自分たちの個体数の激増に対して「自分たちが天敵になる」という役目も背負わされ、互いが天敵になり合うという第二の本能のような、まさに人間の「業」と呼べるものが生まれたと思うのです。

ですから、人間の歴史はかくも戦争の歴史なのでしょう。古代から今に至るまで戦争のない時代はありません。ＮＨＫの大河ドラマにしても、戦いや争いのシーンがまったくなかったことはおそらくありません。泰平の時代に関したドラマも、赤穂（あこう）浪士の事件などの題材が取り上げられてきました。大河ドラマは歴史ドラマシリーズですので、歴史を紐解けば、人間の殺し合いがどうしても題材となるのだと思います。

もちろん、殺し合いはいいことではありません。ですから、世界中に通信網が張り巡らされ、何かやろうとすれば、そのことがすぐに全世界に伝わるようになり、特に大きな戦争が起こりにくくなってきたのは確かでしょう。ですがその分、とても複雑な情報戦に世界中が翻弄されているように思えます。ロシアによるウクライナ侵攻も、このような時代の戦争の典型例のように思います。


こうした戦争のことを考えると、「では、人としていかにあるべきか」という思考を一段と深めなければならないと思います。

私は、新型コロナウイルス感染症が蔓延し始めたときから、「罹る人は罹る、死ぬ人は死ぬ」という自然の流れに任せるべきだと言い続けてきました。そして、マスクも消毒も、感染対策と呼ばれるものをほとんどせず身を任せてきたのは、「このぐらいのことは受け入れるのが自然だろう」と考えたからです。これだけ地球上で好き勝手をして、環境をひどく悪化させ、多くの生物に多大なる迷惑をかけてきた人間が、自然からこのぐらいのことを突きつけられても、それはまあ当然のことだろうと思います。それに、戦争の悲惨さに較べたら、感染病で死ぬほうが、人としてはまだマシだと、私は思うのです。

「得るものがあれば失うものがある」「失うものがあれば得るものがある」。これは、どんなに時代が変わろうと変わることのない、この世の鉄則です。

便利な生活を得るために過剰に天敵を排除しようとすれば、自分たちが天敵にならざるを得なくなります。それと同じように、過剰にウイルスを排除しようとすれば、目の前の感染のリスクは減るかもしれませんが、子どもたちの健全な成長を妨げることになったり、経済が冷え込み自殺者を増やしたり、必ず何か、歪みが表れるのです。

なぜイジメはなくならないのか

いじめがなくならないのも、弱者淘汰の法則に基づいたことであり、やはり生き物としての本能なのだと思います。こう書くと身も蓋もありませんが、「いじめはいけない」「いじめはやめましょう」などと言って、臭いものに蓋をするような安易な方法で対応しようとしても、本質的な解決にはならず、むしろそういう安易な対処法を重ねていては、いじめが陰湿化していくだけだろうと思います。

動物行動学者のコンラート・ローレンツは、著書の『ソロモンの指環』（サブタイトルが「動物行動学入門」、日高敏隆訳、早川書房）で、一見平和的な鳥を逃げ場のない狭い檻に複数閉じ込めると惨劇が起こることを紹介しています。

あるとき、アフリカ産のメスのジュズカケバトと、それよりもおとなしいヨーロッパキジバトのオスを同じ籠の中に入れて出かけ、あくる日に帰ってきたところ、おとなしいキジバトは籠の片隅の床に倒れ、後頭部から背中にかけての羽毛をむしられ、皮をべろりとむかれた状態で倒れていたそうです。しかも、ジュズカケバトのほうは、息も絶え絶えに倒れ込んでいるキジバトの上にふんぞり返っていた、と。

ところが、ハトよりもよっぽど狂暴と思われている狼はというと、こういう惨劇にはならないような本能が組み込まれています。二匹の狼が向かい合って戦いになっても、負けを認めたほうが急所である首筋を相手の前にさらすと、勝っているほうはそこに咬みつこうとしてもなぜか強力な抑制が働き、攻撃をやめるのです。

つまり、鋭い牙のような強力な武器を持つ猛獣ほど、それを使って見境なく仲間に攻撃を仕掛けていたら、種の存続が脅かされます。ですから、牙や爪といった武器の進化とともに、その武器の使用を状況により停止させるような〝抑制〟も発達させてきたのです。

その一方で、もともと弱い武器しか持たないハトの場合、ローレンツ曰く、「抑制は必要ありません。相手を傷つける力はごく弱く、また、逃げだす能力が発達しているからです。負けたと感じたほうのハトが、それ以上攻撃を加えられる前にさっさと逃げれば、大事には至りません」と。

しかしながら、鳥籠のように逃げ場のない空間に閉じ込められてしまうと、話が変わります。抑制が利かない分、悲惨なことになってしまうわけです。

人間も同じではないでしょうか。

いくら言葉で「いじめはいけない」と伝えても、いじめは決してなくならないでしょう。表向きはなくなったように見えても、陰湿なやり方に変わっていくだけではないでしょうか。そもそも大人の世界にも、いじめは珍しくありません。まあ、最近は「パワハラ」が問題視され、以前よりは減ったかもしれませんが、見た目はともかく、実質的な「いじめ」はどの社会にも常に存在しています。

子ども同士のいじめの場合、家庭で虐待を受けていたり、親が過剰に厳しかったりして家でのストレスが原因でいじめっ子になるパターンもあるでしょうけれど、親子関係が良好でも、子どもがいじめっ子になるケースは多々あるようです。

犬や猫などのペットを飼って自分よりも小さい生き物を慈しむ心を育めば、いじめをしなくなるのではないか、と考える人もいるようですが、人の心理はそう単純にはいきません。

生き物を飼うことは、思いやりの心を育む効果もあるとは思いますが、一方で、あくどい手口で他人を不幸にすることに何の抵抗もない人が、自分のペットにだけは異常に愛情を注いでいることもあるのです。

いじめは、弱々しい同種の仲間を攻撃してより強いものの遺伝子を残そうという、生物としての衝動が本能に刷り込まれているからのように思います。ですから、容易にはなくなりません。したがって、「いじめ」に対しては、人間にもそうした本能があることを認めた上で、その本能をどうコントロールするかを学ぶしかありません。そして、そういう訓練と、自分を見つめることを学ぶことこそ、本当に「教育」と呼べるものだと思います。

また、人間の場合のいじめは複雑で、外から見るとわかりにくいことがあります。

以前、もう三〇年ほど前からの付き合いになる精神科医の名越康文・名越クリニック院長と一緒に電車に乗っていたときに、向かい側にふざけ合って遊んでいる高校生ぐらいの男子生徒たちがいました。その中で、一見するといちばん態度が大きい、一人の男の子が席に座ってカバンを持たされて「なんで俺が持たなきゃなんねえんだよ」などとやや強い口調で言っていたのですが、名越院長はものの一秒で「人目のない所では彼がいじめられているのでしょうね」と見抜いていました。

「え、なんでわかるのですか?」と聞くと、「え、なんでわからないんですか」と笑って返されましたが、子どもたちの間では、ある種の契約のようなものがあり、ふだんはいじめられていても人目のある所では、仲が良さそうに振る舞うことが許されていることがあるそうです。いじめられている子も一人にはなりたくないから、そうした状況も受け入れているのだろうとのことでした。

いじめがあっても、そういうふうにパッと見ただけではわからない複雑な関係を演じていることも多いので、安易に、引退した中学や高校の校長などがボランティアでカウンセリングをするとかえって事態をこじらせることも多いようです。

これも名越院長から聞いたのですが、ある女子高生のカウンセリングを行ったときに、終わり際、その女子高生が「ああ、やはり専門家のカウンセリングというのは、高校の先生が見よう見真似でやるカウンセリングとはずいぶん違うものなんですね」と思わず漏らしたそうなのです。その女子高生は、名越院長の前に、高校の先生によるカウンセリングのようなものも受けたものの、的外れな質問や答えばかりだったようです。それでもその先生は良かれと思って頑張っているのがわかるので気を使って「ありがとうございました。先生のおかげで少し心が軽くなりました」とは言っておいた、と。これではどちらのためのカウンセリングなのだかわかりません。相手の本音を引き出すということは、生半可な訓練ではとてもできないことなのでしょう。

子どもに「行き場がない」と思わせてはいけない

さて、いじめが容易にはなくならない以上、大事なことは、いじめられている子が見違えるほど精神的にも肉体的にも強くなることと、いじめられている子にとって安心できる場をつくることが大事でしょう。

いじめに遭って引きこもりになる、あるいは命を絶つ子どもたちがいますが、それは、周りの大人たちの対応に問題があるように思います。学校にしても塾にしても、「行きたくなければ行かなくてもいい。そこに行かなくても、選択肢はいくらでもあるんだよ」というメッセージを周りの大人たちが子どもにちゃんと伝えていたら、命を絶つところまで子どもが追い込まれることはないと思うのです。

「ここしか居場所がない」と、子どもたちに思わせてはいけません。そう思い込んでしまったら、いじめがあろうと、どんなにつらい状況だろうと、そこにいるしかなくなり、どんどん追い詰められてしまいます。

また、親から虐待されている子どもは、決してそのことを周囲には言わず、むしろ子どもは自分をひどい目に遭わせている親をかばおうとする、と聞きます。少し前にある医療団体が主催した、ユニークな医師たちが集まるシンポジウムで、ある小児科の専門医からそのような話を聞きました。

親に暴力を振るわれ、怪我をさせられていても、子どもは「自分で転んだんだ」と説明したり、「(親が暴力を振るうのは)自分が悪いんだ」と親をかばったりするそうです。それは、子ども心にも「この親に見捨てられたら自分は生きていけない」「ここ以外、自分の居場所はない」と強く思っているからでしょう。

そのため虐待されている子どもは必死で嘘を言い、その嘘がだんだん上手になっていくので、どう真実を聞き出していくかが難しいそうです。

このことは、いじめの構図と似ています。「ここしか居場所がない」と思うと、どんなにつらくてもただその場に踏みとどまって耐え忍ぶしかなくなります。

昔であれば、近所付き合いがあったり、親戚が近くに住んでいたりして、学校や家庭以外にもいくらでも逃げ場がありました。今はそれぞれの家庭が孤立しているような状況ですから、子どもたちの逃げ場がなくなっています。

そういう時代だからこそなおさら、「あなたの居場所はここだけではなく、選択肢は他にいくらでもあるんだよ」というメッセージを子どもたちに伝えることが大切なのだと思います。

宗教をタブー視する弊害

「いじめはいけない、やめましょう」といった表面的な対応ばかりで、人々の思考が浅くなっているのは、宗教について語ることをタブー視してきたことも一つの要因のような気がします。

本来、宗教とは、人がいかに生きていくべきかを示すものです。その、人間が生きていく上で最も重要な指針となるはずである宗教をタブー視し、遠ざけてきたことは、一人ひとりが「いかに生きるか」ということと向き合う機会を奪うことにもつながっていったのではないかと思います。

オウム真理教の事件や多額の献金がときに社会問題となる新宗教の影響で、今は宗教に対して非常識かつ非科学的で反社会的な世界という印象を持つ人が少なくないようです。というか、それがごく一般的な印象かもしれません。

そのため、会話の中でごく普通に「それって何だか宗教みたい」という言葉が、否定的な意味で使われています。確かに過去には宗教が変に力を持ち、愚かなことをしてしまった歴史もありましたから、宗教とどう向き合うかは難しいところです。とはいえ、宗教を通して「人間が生きる」ということを本気で探求している人に対して、現代人の一般的な観方は、本当に失礼だと思いますし、同時に大切なものを観る機会を自ら閉ざしていると思います。

私自身は特定の宗教に傾倒したことはありませんが、高校生の頃から禅に関心を持って、禅に関する本を読んでいました。大学二年生のときに畜産の道から離れる決意をした後では、大学にはほぼ図書館に行くために通っているような状態になり、食や農業、医療に関する本の他、人間の生き方を考えるために宗教に関する本も多数読みました。

その後も人生の折々で数々の宗教に関する本を読んできて、「ああ、そういうことなのか」と気づきを得られることもあれば、「なるほどな」と感じ入ることも少なからずありました。なかでも私が合気道を止めて独自に武術研究を行うことを生涯の仕事にしようと決心したとき、その背中を押してもらったのは、「大本（おおもと）」という宗教の開祖・出口なおの生涯と、その娘婿である教主の出口王仁三郎（おにさぶろう）の半生を描いた『大地の母』（出口和明著）という小説です。本書は何度も刊行されましたが、私が最初に読んだのは毎日新聞社版で、現在は「みいづ舎」から刊行されている、全一二巻の大作です。私はこの本に二〇代の終わりの頃に出合い、四日四晩ただひたすら夢中になって読みました。

私が禅や大本教その他、さまざまな宗教に関心を持ちつつも特定の宗教宗派に属していないのには、理由があります。大学二年生時の実習での出来事を機に「人間が生きるとはどういうことか」ということを考え抜いて、さまざまな宗教や能力開発法の本などを読んだ結果、二一歳のときに「人間の運命は完璧（かんぺき）に決まっていて同時に完璧に自由である」ということを確信したからです。このことに気づいたとき、この確信は絶対に生涯変わるまいと思うほどだったので、この確信を身体感覚、つまり体感を通して「感情レベルでも実感したい」と思い、武術を始めたのです。

そして、二九歳のときに何の後ろ盾もはっきりとした見込みもないまま独立し、「松聲館」と名づけた道場を建てて、武術の研究を仕事にすることを決断しました。そのときに最終的に背中を押してもらったのが『大地の母』であることは、先ほど述べたとおりです。

この『大地の母』に描かれているのは大本の草創期であり、信者が増え、大きな影響力を持つようになり、国家から弾圧を受ける前までのことです。まったくの無名の存在だった、なおと王仁三郎が宗教を興して数奇な運命をたどっていくのですが、その内容が凄まじいのです。私はまず最初にこの全集の第一一巻を、たまたま知人の家の本棚にあるのを見つけて借りて読んだのが本書との出会いでした。読んで驚いたのは、まるでこの教団を告発しているかのように、信者が悲惨な目に遭っている様子の記述が至るところにあり、息を呑みました。もちろん、小説といえども実録なので事実に基づいたことであり、後に知ったのですが、そのため登場人物の子孫から訴えられる覚悟も著者はしていたようです。どういうわけか、自分に重なるものがあり、他人事とは思えなかったのです。

こうした本がもっと広く多くの人に読まれるようになっていれば、オウム真理教のような教団に入れ込む人も、あんなふうにはなっていなかったのではないかと思います。

つまり、教育の過程で、宗教に対して本気で考える場面が、現在はまったくないことが、逆に宗教の問題がおかしい形でクローズアップされる原因になっている気がします。


現在、、公立学校では、特定の宗教を教えるわけにはいかないからでしょう。たとえば今の日本史の勉強は「空海は延暦二三（八〇四）年に最澄とともに唐に行って、二年後に帰国し、真言宗を開いた」「法然は承安五（一一七五）年に浄土宗を開いた」などと、単に年表のように歴史を暗記させるのみに終始しています。ですが、これは非常にもったいないと思います。

「いつ、どこで」といったことを覚えるよりも、空海なり法然なりがどのような人生の課題を抱え、どのような思いからその道に入っていったのかという物語を知ることが大切だと思うのです。そのように偉大な宗教家たちの思考の過程をたどっていけば、歴史の授業がそのまま宗教哲学を学ぶ場となり、「人間が生きるとはどういうことか」を考えるきっかけになるでしょうから。

受験のための学びから脱却するには

私は、二〇〇九年からずっと、独立研究者の森田真生（まさお）氏とともに「この日の学校」という講座を全国各地で開いています。

独立研究者とは、特定の研究機関に所属せずに、文字通り独立して活動をしている研究者のことで、現在、森田氏は京都に立ち上げた学びの場「鹿谷庵（ろくやあん）」を拠点に活動をされています。私は森田氏が中学生のときに出会ったのですが、稀有な才能の持ち主に無名時代から出会えたことに、自分の運の良さを感じます（森田氏の考えに触れたことのない方は、ぜひ森田氏の著書『僕たちはどう生きるか　言葉と思考のエコロジカルな転回』〈集英社〉や最初の作品で小林秀雄賞を受賞した『数学する身体』〈新潮社〉をお読みください。また、私との出会いについては、『古武術に学ぶ身体操法』〈岩波現代文庫〉の解説を森田氏が書かれていますので、それをお読みください）。

そんな森田氏と一緒に行っている「この日の学校」は、講座といってもカリキュラムはありません。生きること、学ぶことについて二人で対話し、その対話を通して「人はいかに生きるべきか」「人は何のために生きているのか」を、世代や専門を超えて真剣に考える場にしようと始めたものです。森田氏にも私にも、「受験のための学び」から多くの人を解放したいという思いがありました。

すでに何度も述べていますが、現在の学校での勉強は、受験のための技術を学ぶものになってしまっています。それを象徴しているようで私が大嫌いなコマーシャルがあります。ある予備校のコマーシャルで、おそらく見覚えのある方もいるでしょう。自分程度の者がどうして東大や京大などの有名大学に入学することができたんだろう！という驚きを口にしているコマーシャルです。勉強がただの受験技術を磨くものに成り下がっていることを象徴しているようなメッセージだと思いませんか。本来そこに入るべき器ではない人物が、ただ受験技術が秀でていたおかげで有名校に入り、そのまま「いかに生きるべきか」を真剣に考えることもなく、権力志向になって、官僚になったり何かの組織の長になったりしたら、ろくなことにはならないでしょう。

そもそも、小手先の受験技術を身につけて偏差値の高い有名校に入れたとして、それは本人にとって幸せなことなのでしょうか。

多くの人がいい大学に行きたいと思うのは（あるいは、多くの親が自分の子どもをいい大学に入れたいと思うのは）、その先に、多くの人がうらやむようないい会社に入りたい（いい会社に就職させたい）と願うからでしょう。しかし、それが人として本当に自分自身を深く見つめたときに納得のいく生き方となるのでしょうか。

勉強は馬鹿な大人に騙されないためにするもの

いったい何のために勉強をするのか――。誰もが子どもの頃、一度や二度は考えたことがあるでしょう。

私は、二〇〇五年頃から三年間ほど、「オーサー・ビジット」という朝日新聞社の企画で全国の小、中学校、それに高校で出張授業を行う機会がありました。これは、全国の学校から、さまざまなジャンルの本の著者（オーサー）による出張授業の希望を募り、その中から選んだ学校にオーサーが出向き、授業を行うというものです。私自身は三年間で十数校、訪問したでしょうか。

応募に際して、クラスやクラブ活動単位で生徒たちが、「来てほしい」と希望するオーサーに向け、色紙にメッセージを寄せ書きをして送ってくるのですが、どの学校の生徒たちからの色紙にも、細かい字でたくさんのメッセージが書かれていて、熱意が伝わり、色紙を送ってくれたすべての生徒たちの学校に行きたいと、心から思うほどでした。

その中で印象に残っている出来事の一つが、宮崎県にある中学校に行ったときのことです。少し拗ねた感じの男の子が私に「勉強なんて、何のためにするんですか?」と質問してきました。

「今、君たちが勉強をするいちばん大きな理由は、将来いい学校に入るためとか、いい会社に入るためじゃなくて、馬鹿な大人に騙されないためですよ」

私がそう伝えると、数名の先生はものすごくにこにこと笑っていて、質問をした本人も納得している様子でしたが、他の多くの先生たちはなんとも困ったような、憮然としたような表情を浮かべていました。そのときに日本の教育を変えるのはなかなか大変だと思ったことをよく覚えています。

「馬鹿な大人」とは、単純に「目先のことしか見えない」といった意味もありますが、それ以上に見分けづらいのは「良かれ」と思っていろいろとやろうとすることが見当外れな

郵便はがき

料金受取人払郵便

牛込局承認

8133

差出有効期間
2023年8月
19日まで
切手はいりません

162-8790

東京都新宿区矢来町114番地
神楽坂高橋ビル5F

株式会社ビジネス社

愛読者係行

ご住所 〒 TEL: ( ) FAX: ( )		
フリガナ お名前	年齢	性別 男・女
ご職業	メールアドレスまたはFAX メールまたはFAXによる新刊案内をご希望の方は、ご記入下さい。	
お買い上げ日・書店名 年 月 日	市区 町村	書店

ご購読ありがとうございました。今後の出版企画の参考に
致したいと存じますので、ぜひご意見をお聞かせください。

書籍名

お買い求めの動機

1　書店で見て　2　新聞広告（紙名　　　　　　　）
3　書評・新刊紹介（掲載紙名　　　　　　　）
4　知人・同僚のすすめ　5　上司・先生のすすめ　6　その他

本書の装幀（カバー），デザインなどに関するご感想

1　洒落ていた　2　めだっていた　3　タイトルがよい
4　まあまあ　5　よくない　6　その他(　　　　　　　)

本書の定価についてご意見をお聞かせください

1　高い　2　安い　3　手ごろ　4　その他(　　　　　　　)

本書についてご意見をお聞かせください

どんな出版をご希望ですか（著者、テーマなど）

困った大人たちです。「馬鹿な大人」に騙されないように、自分の頭でしっかりと考え、誰と議論をしても自らの思うところを筋道を立てて語れるように、物の見方や考え方を学んでおくことが必要だとその中学生に伝えたかったのです。

この章で繰り返し伝えてきたとおり、「人間が生きるとはどういうことか」を、取って付けたような学校での道徳の時間で学ぶのではなく、高校や大学進学以上の熱意と真剣さで学び、自分自身の思想として形成していくこと。そうした学びさえできていれば、たとえ〝見栄えの良い学歴〟などなくても、まったく引け目を感じることなくこの社会で生きていけると思います。

進学塾などに多額の費用をかけて通うよりも、自分自身で独自の価値観を育て、その価値観に沿って思考を展開していくほうが、人として確かな手応えのある人生が送れるでしょうし、未来は切り拓かれていくでしょう。そして、そうした若者が多く出てくることが、環境問題やエネルギー問題、国と国の紛争など一筋縄ではいかない問題が山積みとなっている社会にとって、これからの時代を乗りきっていく原動力になることは間違いありません。

教育を変えるには、まずは企業の人事採用から

私は、一人ひとりが自分の生きる意味を本気で考えるようになるには「将来いい大学に入って、一流企業に就職するために」という、現在の教育に巣くっているステレオタイプな考えを根本的に変えなければいけないと思います。

ただし、現在の教育環境を根本的に変えられるのは、文部科学省でも教育関係者でもないでしょう。最も効果的なのは、企業や雇用する組織が採用方法を根本から見直すことだと思います。新卒の一斉採用はやめて、学歴を一切無視して、純粋にその人物の能力をみて採用を行うことです。そして、一〇代半ばの人物でも能力さえあれば働けるようにしていただきたいのです。

当然のことですが、人の能力は、短時間の面接や試験だけではわかりません。ですから、「人材発掘会社」のようなものをつくり、(それは現在の学校ではかなり難しいと思いますが)キャンプをしたり、奉仕活動をしたりといった体験の中で、人材発掘のプロが「この子はこういう機転が利くな」「この子はこういうことが向いているな」などと、一人ひと

りの能力や向き・不向きを見極め、その子に合った会社に推薦するというものです。

つまり、会社は、その人材発掘会社に採用を委託するのです。そして、人材発掘会社はある程度の期間をかけて、一緒にツアーをしたり、活動をしたりしながら、その中での様子を見て、適した会社に推薦するというわけです。

こうしたことを二〇年以上も前から私はずっと言い続けていますが、なかなか採用される気配はありません。ただ、最近ではインターンシップという形で、企業が学生に職業体験の場を提供することが増えていると聞きますから、そこをさらに展開して考えれば、できないことではないと思います。何しろ、実際に働く様子を見てどんな人物かを見極めるという点では、一回の試験や短時間の面接のみで採用を決めるよりは、よほどその人の本質が見えるでしょうから。しかし、まだまだ日本は学歴という見栄としか私には思えない看板が幅を利かせていて、そもそも採用の前提条件として「大卒以上」などと限定している企業がほとんどです。

実質的に仕事ができる者のほうが価値があることは誰でもわかっていると思いますが、それでも日本社会では学歴という包装紙にとらわれていて、相変わらず、その状況から抜け出すことができていません。

人材発掘会社のいわゆる目利き人が「こいつは使えるな」という人間を推薦することは、いわば紹介やコネに近い採用の仕方です。コネと聞くと良くない印象を持つ人も多いかもしれませんが、私は決して悪いものではないと思います。むしろ、その人のことをよく知っている人が自分の責任で推薦するわけですから、履歴書を見てふるいにかけるよりも、よほどいい採用方法でしょう。

明治維新後すぐの日本は、社会制度がまだ整備されていなかったので、会社や官僚組織もほとんどが縁故採用でした。でも、だからこそ面白い人材が育ち、日本は成長していったのだと思います。

日清戦争や日露戦争で日本が勝ったのも、まだ社会制度が整備されておらず、ユニークな人材が活躍できたからだと思います。あの頃、すでに海軍兵学校や陸軍士官学校といった軍学校はありましたが、まだ名門校という位置づけにはなっておらず、その選抜はゆるやかだったといわれています。そのため、当時の軍学校・軍隊には、コネなどいろいろな形で、多様な人材が入学・入隊していたのです。

たとえば日露戦争のときにロシアに対する諜報活動で活躍した明石元二郎という人物は、

自分のことに没入すると周りが見えなくなるところがあり、身なりに気を使わない、軍人でありながら運動が苦手で足も遅い、そんな人だったそうです。当時、陸軍を率いていた山縣有朋（やまがたありとも）の前で自説を述べる機会に恵まれたときには、話に夢中になるあまり、自分が放尿していることにも気づかずに話し続け、有朋のほうが元二郎の尿をよけながら話を聞いていたという逸話まで残されています。

そんな人なので、エリートを選抜するようになった陸軍士官学校であれば、とても入学はできなかっただろうといわれているのです。しかしながら、日露戦争では「一人で、満洲の日本軍二〇万人に匹敵する戦果を上げている」と称えられたほどの活躍を見せました。それは、有朋や、明治陸軍の三羽烏と呼ばれた川上操六や児玉源太郎といった人が、元二郎の人柄や能力といった本質部分をみて「こいつならば」と信頼して重要な任務を託したからでしょう。

また、日露戦争に際して、山本権兵衛がなぜ東郷平八郎を連合艦隊司令長官に推したかというと、能力もさることながら、強運の持ち主であったことが決定的な理由だったといわれています。明治天皇に理由を問われた際、山本権兵衛は「幾人かの候補がいます。技術は甲乙ございませぬ。ただ、東郷のみ運のつきがよろしゅうございます」と答えたというエピソードは有名です。

東郷平八郎は不思議な人で、戊辰戦争では土方歳三とも戦っており、どういうわけか、戦争で最も重要な場面に居合わせていたそうです。

戦争に限らず、大事な場面で指揮を執る人物には、能力も必要ですが、運がいいことは非常に大事でしょう。しかし、運の良さなどといった要素は、科学的、合理的には計れません。ましてや一回の試験や面談で伝わるものではないでしょう。山本権兵衛の個人の意見が尊重されたからこそ、「運がいいから」というおよそ現代では通用しない理由で東郷が司令長官に決まったのです。


入学試験や採用試験といった制度が整備されると、個人の意見は通らなくなり、似たような人材ばかりが集まり、せっかくのユニークな存在が埋もれてしまいかねません。生物が生き抜くには多様性が必要と言われるのと同じで、人間社会も、同じような環境で育った者ばかりを集めるよりも、多様な人材の知恵と閃き(ひらめ)が必要です。

その点、コネの良いところは、ある人が自分の責任で「この人こそ」と思う人を推薦できるところです。ただ、現代では「人を観る眼」の持ち主が激減しているようですから、そのあたりはまた考えなければならないと思います。しかし、選ぶ側に観る眼があると、結構いい人材が揃うと思います。それを組織化したような人材発掘会社をつくることができれば、一人ひとりが適材適所で才能を発揮し、そして本当に能力のある人、ユニークなアイデアを出せる人が活躍できる、風通しのよい社会になるのではないでしょうか。

そのように企業が変われば、自ずと教育も変わっていくように思います。

第三章

体感する学びが子どもの才能を伸ばす

教科の枠にとらわれない
——歴史の物語の中で算数も理科も学べる

本章では、今の教育について、私の思うところを述べていきたいと思います。

これも随分前から言い続けていることですが、小学校の授業は現在のように科目を細かく分けないほうがいい、というのが私の持論です。特に低学年の間は体育と国語と歴史の三科目だけで十分でしょう。

まず国語は、文章を読んだり、人の話を聞いたり、話したりするために欠かせません。算数や理科、図工、音楽といった科目は要らないのかというと、すべて歴史の中に入れて学べばいいと考えています。そして、時に応じてそれを体験するために体育も必要です。

たとえば理科という教科は、中学・高校に上がると物理、化学、生物と分かれていきますが、小学校では理科に、ひとまとめになっています。それをもっとまとめて、教科として学ぶというより、物語の中で体感も伴う形で学ぶことが大切だと思うのです。なぜなら、算数や理科、図工、音楽などは人類が道具を使うようになってからの歴史を振り返ることで自然と学んでいくことができるからです。

「人類はどうやって火を起こすことを発見したのか」という歴史を学ぶ中で、物はどうやって燃えるのか、物が燃えるとはどういうことかということも学ぶ。加えて、実際にマッチをこすったり、木と木を擦り合わせて火を起こしたりという体験も交えれば、身体の使い方や道具の使い方も学ぶことができますし、子どもたちは興味を持って楽しみながら学ぶことができるでしょう。

子どもたちに限らず、ほとんどの人は行ったことがないと思いますが、火打石などを使わなくても、木と木を擦り合わせるだけで火を起こすことができるのです。ただ、使う木の材質が大事で、古い杉板を「火きり板」にして、ウツギやアジサイなどの中空な枝を「火きり棒」として使います。火きり板（杉板）に火きり棒（ウツギなどの枝）を立てて、その棒を回転させて摩擦を起こすと、杉板はやわらかいので、黒く焦げたおがくずのようなものが出てきます。そこに、摩擦熱で、煙草の吸殻のように火種がポッとつくので、その火種をほぐした麻の縄などでくるみ、フーッと二、三度空気を送ってから手で持ってグルグル回して、さらに空気を供給すると炎になるのです。興味のある方は、この他にも木や竹などだけで火を起こす方法がユーチューブなどで動画が観られますので、観てみてください。

火きり板と火きり棒で火を起こす方法は「きりもみ式」と呼ばれます。慣れている人であればものの一分で炎になります。この方法を私は和光大学の関根秀樹先生から学びましたが、木と木を擦り合わせる方法は十分に研究されていないと、一時間やっても煙は出ても炎にはなかなかならないようです。

そのため初めて行う子どもたちの場合、炎になるまでには時間がかかるでしょう、けれども、時間をかけていろいろ研究を重ね、火を起こせたときの「やったー」という感動が学びを深めます。また、なかなか火がつかなくても、「どうしてうまくいかないのだろう」と考え、試行錯誤することで、学ぶ必然性が生まれます。ただ机の前に座って教科書を読んで学ぶのとは、学びの質がまったく変わるはずです。

算数も、いきなり「一足す一は……」と始めるのではなく、なぜ人類は数字というものを発明したのかといったところから入るといいでしょう。

たとえば、アマゾンの奥地に住む少数民族のピダハン族は、数詞、つまり数を数えるための言葉を持ちません。一つ、二つ、三つにあたる言葉が何もないのです。数を数えない世界があることを知ると、「数えるとはどういうことなんだろう」「数字がなかったら、どんな生活になるんだろう」などと想像が膨らみます。

また、漢数字では、1を表すのは横棒一本の「一」で、2は「二」、3は「三」と、3までは横棒が一本ずつ増えていきます。ところが、4（四）からはルールが変わります。こうした傾向は他の言語にも共通した傾向が見られて、ローマ数字でも「Ⅰ」「Ⅱ」「Ⅲ」と3までは縦棒が一本ずつ増えていき、4（Ⅳ）から変わります。それは、三つまでは見た瞬間に「三つだ」とすぐにわかるからです。ところが、モノが四つ、五つとなると、一瞬見ただけでは数を見間違う可能性が出てくる。つまり、三つまでなら視認できるので、それを表す文字も棒が一本、二本、三本となっているのです。こうしたことは、前述の「この日の学校」で森田真生氏から聞きました。

こういう、「へえ！」と思うところからうまく誘導して、数の数え方や計算の仕方に入っていけば、ほとんどの子どもたちは数字嫌い、算数嫌いにはならないと思います。

体育で、学びと体感を一致させる

体育はただスポーツなどの運動をやることだと思われていますが、それはあまりにも体育というものの枠を狭く見ていると思います。もっと人間そのものを把握するための教科として、体育を捉え直す必要があります。本来、体育は、人間の身体はどういう構造をしているのか、人間というのはどういう生き物なのかというところまで考えが深まっていくような学びであるべきです。

その意味で、幼稚園や小学校の体育で何よりも先に教えなければならないのは「受け身」でしょう。なぜなら、二本足で立つ人間にとって、まず必要な備えが、転んだときに怪我をしない転び方ができるようになることだからです。

受け身は、一度身につければ一生忘れません。自転車や泳ぎと同じです。一度自転車に乗れるようになった人や泳げるようになった人は、乗れなくなることや泳げなくなることはありません。自転車にしても泳ぎにしても、いったんできるようになれば、できないという感覚がわからなくなるのです。それと同じで、受け身も一度しっかりと身につけてしまえば、一生役に立ちます。人間にとって、最も起こりやすい緊急事態が転倒なのですから、その対処法である受け身を身につけることは、体育でまず教えるべきではないでしょうか（具体的なやり方については第五章で改めて説明します）。

また、歴史の物語の中で算数や理科などを学び、それを体育で体験することもできます。

例として、次のようなものが挙げられます（図1参照）。

校庭にまず一本目の杭を打ちます（①）。そしてそこから三メートル測って二本目の杭を打ちます（②）。長さ一二メートルほどのロープを一本目の杭（①）につなぎ、そこから二本目の杭（②）を一巻きして、この杭から四メートル離れ、一本目の杭から五メートル離れた所を探してそこに杭を打ちます（③）。すると、自動的に直角をつくることができます。

この直角ができている三角形の辺が「三対四対五」であれば直角三角形になることを学ぶときに、こうやって実際に身体を使って杭を打ち、ロープを張って三角形をつくれば、より印象深くなります。

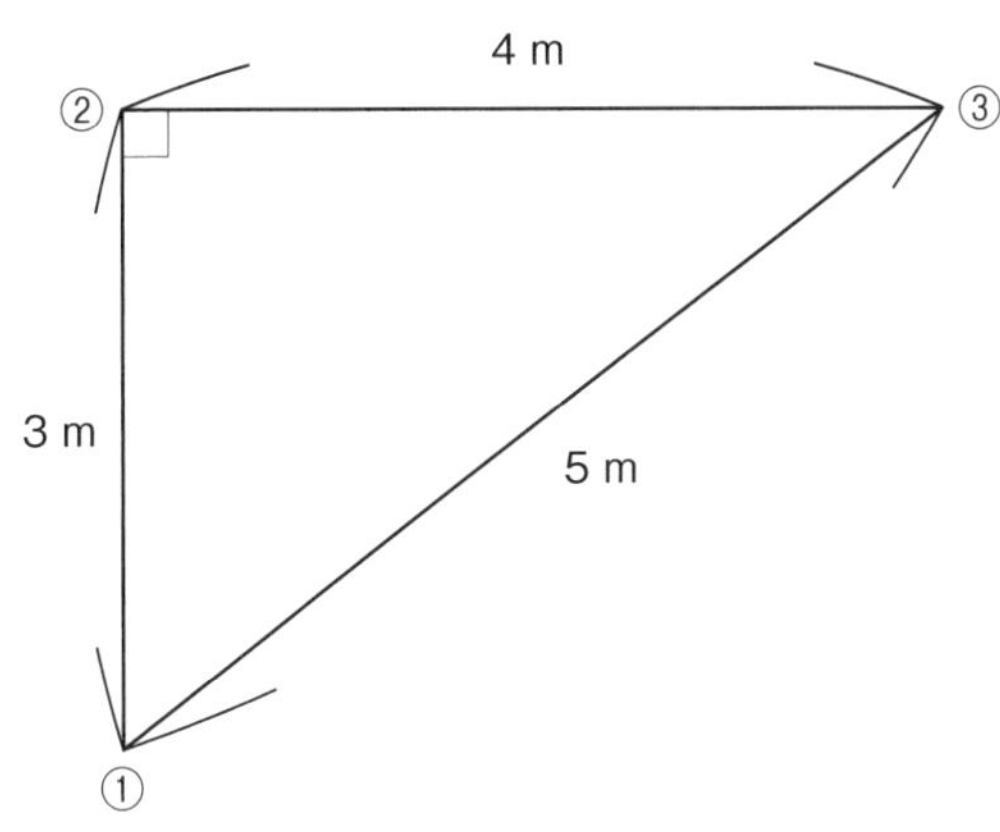

図1　メジャーと杭とロープで大きな直角をつくる方法

物理にしても、体重の違う二人の子どもがシーソーに乗って、どうやったら釣り合うかを試してみる。体重の重い子が支点の近くに乗って、軽い子が離れた所に乗ると釣り合う、ということを体験すると、「支点、力点、作用点」という話がスッと理解できると思います。

あるいは、動滑車と定滑車を組み合わせるとどうなるのかも、実際に滑車を使って実験してみるといいのです。重いものを持ち上げるときに、動滑車を使うと引く距離は倍になりますが、半分の力で引くことができます。大きな劇場の緞帳（どんちょう）は一トン近くあるそうですが、それを小柄な女の人でも引き上げることができるのは、滑車をいくつも組み合わせてあるからです。小学校の体育館のネットや舞台の幕にも滑車は使われています。

このように、身体を使って試してみることで、学びに体感が伴ってきます。何より勉強に、苦役ではなく遊びのように、興味を持って取り組めます。私は、勉強と遊びの時間を分けること自体、せっかくの学びの好機を逸していると思っています。そうではなく、遊びの中でいつの間にか学んでいるという形が本当に身につく学びになると思います。

また、杭を打つ、滑車を使うという道具の使い方を身につけることも大切です。日常の作業や物づくりも、身体を使って学ぶ「体育」として扱うことが、私は教育の要の一つだと思っています。

非常時に身の回りの生活を確保できる能力を

最近は、道具を使いこなせない人が増えているように感じます。

少し前になりますが、ある高校で、家庭科の授業で料理をしようとしたときに、一人の生徒がやろうとしていることを見て、先生が思わず「やめなさい！」と絶叫した、という話を聞きました。というのは、その生徒はまな板の上の肉を切ろうとして、包丁の峰のほうを肉に当て、刃のほうを上にしてもう一方の手で押さえようとしていたのです。「刃物は危ない」などと言って遠ざけているために、刃のほうで切るという、そんな当たり前のことも知らずに育ってしまったのでしょう。他にも、焚き火をしようとして、大学生ぐらいの青年が太い薪にライターで直接火をつけようとした、という話も聞いたことがあります。

どちらも笑い話のようですが、本当にあった話です。こうした当然知っておくべきことを高校生や大学生といった年代になるまで知らずに過ごし、そのまま大人になるのはかなり問題です。誰もがある程度は道具を使いこなして、災害などに見舞われても自分と自分の身近な人たちの生活が確保できるぐらいのことは一〇代半ばまでにできるようにしておくべきだと思います。

たとえば、鉈(なた)などの刃物を使って木を伐り、その辺のものをかき集めて雨風を凌げる寝床を作るとか、ライターもマッチもなくても火を起こせるようにしておくとか、そういった生活に必要な能力を身につけることも、体育で教えるべきだと思うのです。

このように自分の手足を使って単純な道具を使いこなして何かを作ったり作業したりすることは、災害のような非常時に役立つだけではなく、日頃の発想にも密接に関わるような気がしています。手が利けば、自ずといろいろなアイデアが生まれてきます。物の原理や道理の根本を理解するためにも、頭だけで考えるのではなく、身体を使って体感することがとても大事なように思うからです。

現在もまだ感染対策が尾を引いている新型コロナウイルス感染症が、野生の鳥や獣から、家畜を介して人間に広がるのではないかといわれたことがありました。そのとき、農林水産省の中から「家畜の放牧を禁止して、屋内の飼育のみに限定する」という案が浮上しました。野鳥が空からウイルスを運んでくる可能性があるから「すべて屋内で飼育するようにすべきだ」という、この馬鹿げた案には全国の生産者をはじめ、多くの人たちから強い反対が出て、取りやめになりました。

こうした非現実的なことを考えついてしまうのは、それこそ身体を通しての作業をしてこなかったからではないでしょうか。頭だけで物事を考えている人がいかにも思いつきそうなことだと、ため息が出ました。

雑巾がけや掃き掃除といった、昔であれば子どもから大人までごく当たり前に行っていたことでさえ、行う機会がすっかり減り、行っている人を見る機会もなくなってきたせいか、子どもともいえない年齢の人までそういう掃除がすっかり下手になっています。

今の子どもたちは「体力がない」「運動能力が低下している」などとしきりに言われますが、私に言わせれば、今の親世代も身体の動かし方が下手になっています。

たとえば、時代劇なども、私などは昭和四〇年代以前につくられたものしか観ていられません。それ以降の時代劇は、俳優の立ち居振る舞いが身についた動きではないので、時代劇風現代劇というような感じがするのです。

昔の人が現代の人よりも身体能力が高かったのは、幼少の頃から雑巾がけや掃き掃除その他、さまざまな日常作業の中で、身体を常に動かしていたことも一つの大きな要因でしょう。仕事で身体を動かすときには、なるべく疲れないように効率よくやろうとします。ですから、自ずと上手な身体の使い方が身につくのです。

昭和四〇年代の時代劇は、俳優が戦前か戦中生まれで、その人たちが子どもの頃は自家用車を所有している家庭はまずなかったでしょうし、電化製品も白熱電球とラジオぐらいだったでしょうから江戸時代より少し便利になった程度の環境でした。

最近では、雑巾やほうきの本来の使い方（というほどでもありませんが）さえ知らない人がいることには驚きます。私は二〇〇七年から三年間、神戸女学院大学で客員教授をしていました。そこで授業をしたときに、大学に竹ぼうきを購入してもらい、ほうきの持ち方、掃き方から教えました。

当時でもすでに、四〇代ぐらいの人の中にも、ほうきで地面の上を押すように掃く人がいました。雑巾であれば、水で濡らしてからねじって絞り、手のひら程度の大きさにたたんでから拭く。ある程度汚れたら、たたみ直して面を変える。わざわざ説明するほどでもありませんが、これができず、なかには雑巾をぐちゃっと丸めて拭こうとする三〇代の大人も見かけるようになりました。そこで、神戸女学院では大学生に教えておこうということになったのです。

長い床をダーッと雑巾がけする機会がなくなってきているとはいえ、今でも机を拭いたり棚を拭いたりすることは日常的にあるでしょう。それだけでもきっちりと行えば、少しは効率のよい上手な身体の動かし方が身につくように思います。

また一〇年ぐらい前に、農家に鍬（くわ）や鎌の使い方を教えに行ったこともあります。兵庫県の市川町という所では、都会から「農業をしたい」とＩ（アイ）ターンで来る人を積極的に受け入れているようで、その支援の一環として私も呼ばれたのです。

都会から移住して農業を始める人は「有機農業をやりたい、無農薬でやりたい」といった理想を持っている人が多く、もともとその土地で農業をやっている人とぶつかることが多いのですが、市川町では無農薬で農業を始める人たちのことも支援していました。

ただ、もともと都会で働いていて農業は初めてという人たちで、知らないことが多いので、そういう人たちのために、鎌や鍬といった農具の使い方から教えたのです。そのときには、鎌の刃の研ぎ方も伝えました。鎌は包丁などとは違い、研ぐときには砥石（といし）のほうを動かします。そんなことは昔であれば誰でも知っていましたが、今はそういうことを教えるだけでありがたがられるのですから日常作業の伝承が失われてきたことを痛感しました。

そもそも最近では家庭で包丁を研ぐ人もすっかり少なくなりました。料理好きな人でさえ、切れない包丁を使って引きちぎるように切っていることがよくあります。包丁が切れなくなっていることに気づいてさえいないのでしょう。

昔は「切れない包丁は変に力を入れなければいけないので怖い」と言われましたが、今では「よく研がれた切れる包丁のほうが怖い」と感じる人が増えてきています。

よくトマトを切ればその包丁の切れ味がわかると言いますが、トマトよりもわかりやすいのが長ネギです。長ネギは根から葉先に向かって縦に繊維が伸びています。長ネギを浮かして、繊維を断つように輪切りにしたときに、包丁の重みだけでスパスパと切れなかったら、「切れる」とは言えません。

刃物の研ぎ直しには、昔は天然砥石が使われていて、いい砥石は一般家庭では手に入りにくいものでした。でも、今は合成砥石で非常にいいものが出ています。家庭の台所で使う包丁を研ぐ程度であれば合成砥石で十分です。昔の砥石と比べて扱いも楽です。今は鉋（かんな）のような特別の切れ味が要求されるものでなければ、本職も中程度の細かさの砥石には合成砥石を使っています。せっかく砥石はよくなっているのに、研ぐ人はほとんどいなくなっているのですから残念なことです。

包丁を研いだことのない人は、「砥石で研ぐ」と聞くと、ものすごく難しいことのように感じるようですが、決して難しくはありません。今はインターネット上に動画がたくさんアップされていますから、これを参考にするだけでも結構研げるようになると思います。

研ぐためにはまず、砥石を用意することです。砥石は粒の粗さによって種類があり、「番手」と呼ばれる数字で表されています。数字が小さいほど砥石の表面の粒が粗く、数字が大きいほど粒が細かいことを示しています。家庭の包丁であれば、最初に八〇〇番手ぐらいのやや粗い砥石で研いだあと、一五〇〇番から二〇〇〇番ぐらいの中程度の粗さの砥石で研げば十分でしょう。

今は、刃物は危ないと言って、ほんの小さなナイフでも携行していることが警察官に職務質問をされたときに判ると警察署に連れて行かれ、何時間も尋問されたりすることが起きています。そうやって刃物を目の敵にして遠ざけているから、先ほどの包丁をさかさまに持つような高校生も出てくるのです。このままでは「何が危ないのか」さえわからない、手先の不器用な人間ばかりが増えていくのではないでしょうか。こんなことをしていたら、優秀な外科医や歯科医が育つ可能性もなくなってきますし、かつて「ものづくり王国」と呼ばれた日本は衰退していく一方なのではないか、と危惧しています。

人が人であることの原点の一つが「道具を使って物を作る」ことであり、人間にとっての道具の原点が刃物です。包丁はほとんどの家庭にもあるでしょうから（ここで「どんな家庭にも」と書けないのは、包丁さえない家庭があるからです）、まずは包丁を砥石で研ぐということから始めてみるとよいのかもしれません。そして研いだ包丁の切れ味に慣れていけば、切ったり削ったりという感覚もだんだん身についてくるでしょう。

人間の身体の「不思議」を体感する

第二章の終わりで紹介したオーサー・ビジットで小学校を訪問したときには、「へえ！」「不思議だな」と思う体験を提供するようにしていました。

たとえば、座っている相手を引っ張って起こす動作もよく実践していました（図2参照）。二人一組になって、一方の子には、両手を組んだ状態で体育座りになってもらいます。そして、もう一方の子に、座っている子が両手を組み合わせている間に手を入れて引っ掛け、起こせるかどうか試してもらうのです。普通に引っ掛けて引っ張り起こそうとしても、ほとんどの子は起こすことはできません。

そこで、私が「旋段(せんだん)の手」と呼んでいる手の形を紹介します。

親指以外の四本の指を、側面からみると「Y字」(①)に見えるぐらい内側に折り込みます。次に人差し指はその指の付け根が直角になるくらい深く折り込み、小指は逆に付け根から手の甲側に反らします。そして親指の爪の人差し指側の生え際の先端(②B)を、深く折り込んだ人差し指でつくったY字の親指側の先端(①②A)にくっつかないギリギリまで近づけます。すると、四本の指がらせん階段のような形になります(②)。

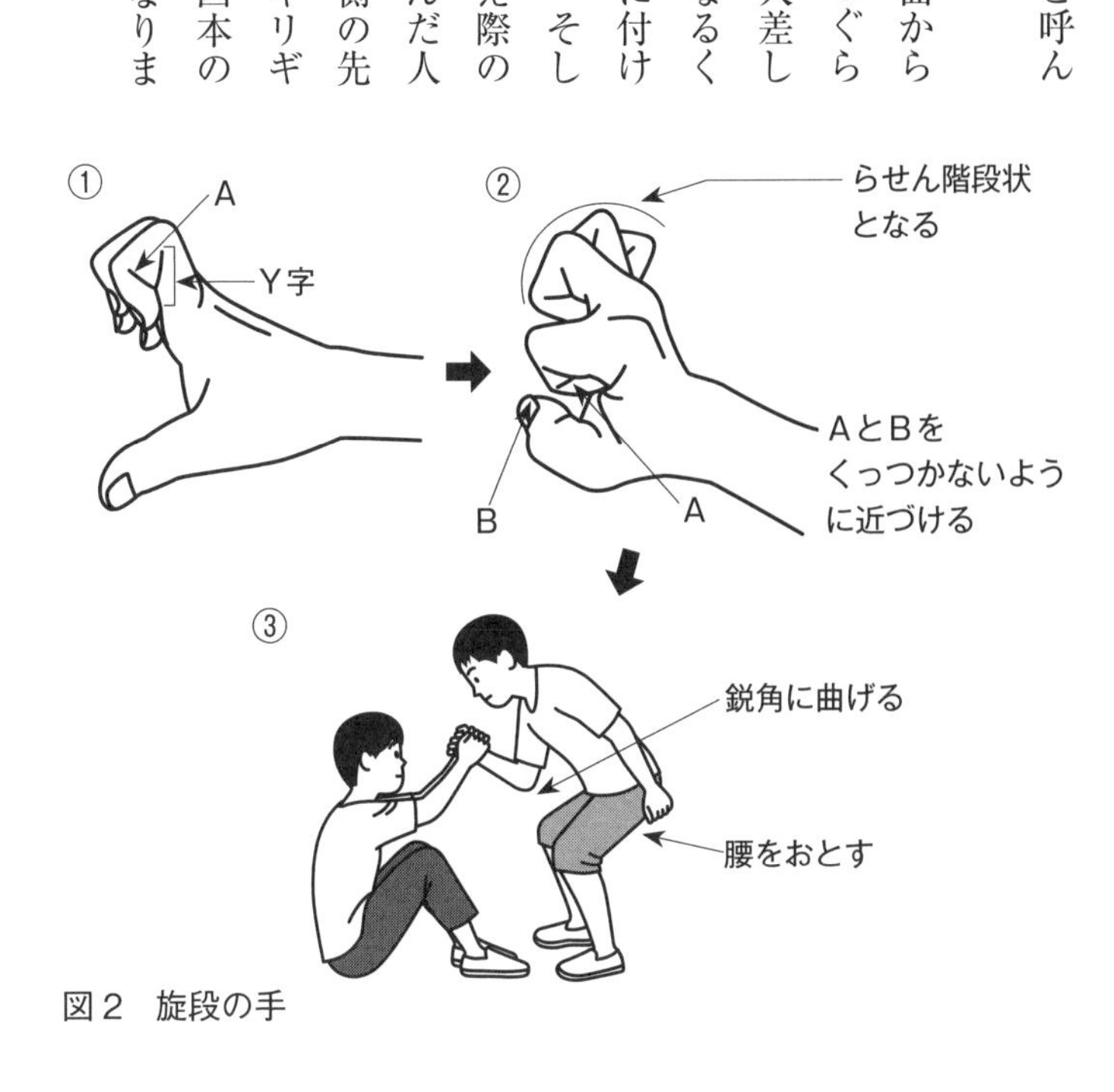

図２　旋段の手

そうすると、手から前腕にかけて全体が強く緊張し、意識をしなくても腕全体が多くの繊維が絞り込まれたような状態になって一つにつながります。

この「旋段の手」を利き手でつくったまま、座っている子が両手を組んでいる間に手を入れるか、つかんでもらいます（③）。そして、その状態のまま、相手につかまれている利き手を自分のほうへ引き寄せながらゆっくりと後ろに下がると相手は自然と起き上がり、小学生の子どもでも座っている子や、ときには大人さえも起こせるようになるのです。手の形を変えるだけで、それまではできなかったことが簡単にできるようになるのですから、子どもたちは「えーっ！」と驚きます。

このように、手の形を変えるだけでできなかったことができることとは、子どもには大きな驚きとなるでしょう。この他にもっと簡単な手の形で想像以上に変化する感覚を体験できる方法もあります。それは選挙や抗議活動などで「やるぞーっ」と皆で気勢をあげるときに空に向かって突き上げる拳です（図3参照）。

まずは何も考えずに「やるぞーっ」と拳を突き上げてみてください。誰でも自然に、親指は外側にして拳を握っているはずです。

今度は、親指を内側に入れて拳を上げてみてください。「やるぞーっ」と掛け声をしても、なんだか力が入らないのではないでしょうか。親指を中に入れて手を握るとなぜだか頑張る気にならないのです。

親指を内側に入れて拳を握るか、外側に出して拳を握るか——。そんなわずか手の形の違いだけで、明らかに感覚は変わります。不思議なもので、やる気がまるっきり変わるのです。よく「気持ち次第」などと言いますが、その気持ちには身体がこんなにも関わっているということです。こうしたちょっとしたことで心身の状態は変わるのですが、こういうことは現在の学校の体育では一切教えられていません。

図３　拳に親指を入れたときと入れないとき
拳に親指を入れたときと入れないときでは、腕の感覚が大きく違う。それが気持ちにも影響する。拳に親指を入れないほうが力が入って頑張る気になる。

また、オーサー・ビジットの頃は行っていませんでしたが、現在は子どもたちだけでなく、大人やときにはプロのボクサーにも体験してもらうのが、「気配のない突き」です。

二人で向かい合った状態から、「これから肩のあたりを軽く触れるように突きますから、それを手で払ってください」と言ってから私が突きを出すと、何度やっても払われます。早く手を出そうとゆっくり出そうと、簡単に相手に払われます。それは、相手が「突きが来る」という気配を瞬時に感じて、咄嗟に反応するからです。相手が子どもでも同じです。

ところが、私が「影観法」と名付けた感覚を使って気配を消す技で突きを出すと、途端に相手は反応できなくなります。相手にしてみれば、いつの間にか突きが出て、気づいたらもう肩に触れられている、という状態になるのです。普通に突きを出されれば何度やっても反応できるのに、私が「影観法」で出す突きはなぜか払えません。大人も驚きますから、子どもたちは一層不思議に思って、「なんでだろう」「もう一回!」と言います。

もう一つ、簡単な「あれ?」という体験を紹介しましょう。二人一組で行うものです。

一人の子は、自分の胸の前で両手を交差させ、右手を左に、左手を右になるようにして組みます。それを手前に下からくるっと回転させて顔の前に持って来ます。そして、もう一方の子が、組んでいる指のどれか一本をさして「この指を動かして」と指示を出すのです（**図4参照**）。このときに、相手の指に直接触れてはいけません。

手を組んでいる子は、指示された指を動かすだけなのですが、意外にも、すぐにはパッと動かせません。子どもたちは「あれ？」と戸惑います。

「この指」と指定された指を動かすだけなのに、なぜパッとできないのかと言えば、右と左が反転しているからです。手を組んでいるので、右手の指が左側に、左手の指が右側にあります。そうすると、脳が混乱しやすいのです。女性の方なら、鏡を見ながらイヤリングをつけようとして、うまくいかずにてこずった経験があるのではない

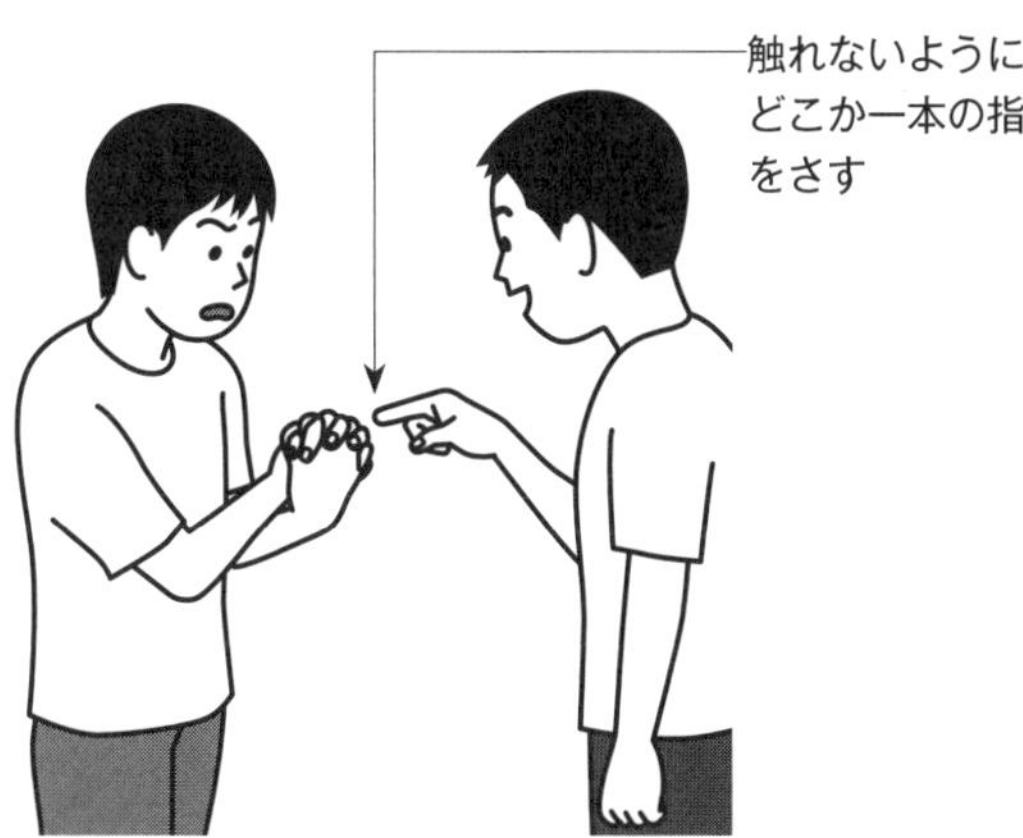

さされた指を動かしてみようとしてみる。

図４　組み手の指を動かしてみる

でしょうか。それと同じような感覚です。

このシチュエーションの難度をもっと高くしたものが、紙に描かれた星形を、手元を見えないようにして鏡に映ったその星形の像を見ながらなぞるというものです。これは、解剖学者の養老孟司先生に教わりました。

まず、紙に大きめの星形を描きます、その紙を机の上に置いて、利き手ではない手で鏡を持ち、鏡に星形がしっかり映るように位置を調節します。それから、利き手で鉛筆を持ち、介助者に、鏡に映った星形のどこかの頂点に鉛筆の先を置いてもらいます。それから、星形を、鏡を見ながらなぞります。このときに鉛筆を持っている利き

鏡に映った星形の像を見ながら、この形をなぞろうとしてみる。

図５　鏡を見て星形をなぞる

手を直接見ることができないように、介助者が板かボール紙などで手元を隠します（図5参照）。

これは、先ほどの手を組んで指を動かす動作以上に、みんな戸惑います。まず星形の頂点のどれかに鉛筆の先をあて、さあ線を引こうと手を動かすのですが、鉛筆をどちらに走らせればいいのか、方向がわからなくなるのです。「あ、間違った」と思って元の位置に戻ろうと思っても、戻ることも容易ではありません。

これも、鏡に映った世界は左右が反転しているので、脳が混乱してしまうからです。ただ、左右反転の世界に慣れている人、たとえば、バレエをやっていてふだんから鏡を見ながら動きを修正している人や、毎日、丹念に化粧をしている人などの中には、わりあいとすんなりとできる人もいるようですが、私の体験では極めて稀（まれ）です。

小学生は「生きるのが楽しい」だけでいい

このように、オーサー・ビジットの出張授業では学校の体育では教えないような身体の使い方や、人間の身体の不思議さを感じられるようなことをいろいろ行っていたので、小学生の子どもたちも二時間、最初から最後まで興味津々に参加していました。

今でもよく覚えているのは、広島の小学校に行ったときのことです。二時間の授業が終わったあとで一人の先生からこう言われました。

「いささかショックなのは、四〇人、一人の例外もなく最後まで面白がって授業に参加していたことです。ふだんの体育では二〇分もすればだんだん飽きてきて、『トイレに行きたい』などと言う子どもたちが出てきます。最後まで誰一人飽きることなく終わるなんて今までに一度もなかったので、教師としてはショックでした」

ふだんの授業で子どもたちが途中で飽きてしまうのは、子どもたちの集中力の問題ではなく、授業の内容に工夫が足りないのだと思います。「教育は、サービス業ではないのだから、子どもの気を引こうをする必要はない」という考え方が学校教育では支配的なのだと思いますが、子どもたちが「へえ～！」と思うような話から入っていくなど工夫をすれば、もともと子どもたちは好奇心旺盛なのですから、もっと前向きに学べるはずです。物語として学ぶ、体験の中で学ぶということは、そういう意味でも大切だと思います。

養老先生は講演などでよく「小学生のときは、とにかく楽しい思い出さえつくれればいいんですよ」「そこで『生きていて良かった、楽しいな』と思えさえすればいいのです」と持論を展開されていますが、私も深く共感します。ある講演会で、小学生の自殺について「いくら嫌なことがあったからって、子どもが自殺するというのは、楽しいことがなかったということですよね」とも話されていました。

今は、小学生のうちから「将来のために」と塾に行って勉強をしている（させられている）子どもたちも多いようですが、小学生に将来のことを考えさせる、それも将来の進学や就職のことを考えさせて行動を縛るなんて不自然極まりないことです。本来、子どもにとって大事なのは、今しかありません。その「今」に集中することの積み重ねがその子の将来をつくっていくのです。

何しろ、子どもの頃ほど、好奇心旺盛に何にでも興味を持って、瑞々(みずみず)しい感性でどんどん新しいことを吸収できるときはないのですから、「将来のために」なんて余計なことを考えなくていいのです。子どもたちは目先のことで十分。「楽しいなぁ」「わあ！　すごいなぁ」「不思議だなぁ」といった体験を数多くさせることこそ、大事なことだと思います。「生きていて良かった、楽しいなと思えれば十分」ということを、まさに実践している学校が徳島にあります。自然スクールTOEC(トエック)という学校で、そこではとにかく六年間、遊びまくらせるそうです。

小学校一年生から六年生まで合わせて二五名程度のフリースクールで、毎朝、全員が集合したらまず「その日どうやって過ごすのか」を話し合い、一日の過ごし方を子どもたちで考え、めいっぱい遊ぶのです。自分がやりたいこと、好きなことをめいっぱい行い、算数や理科、社会、国語などを教科として学ぶわけではないそうです。

そうやって六年間遊んで過ごせば中学校に進学したときに困るのではないか、と不思議に思うでしょう。ところが、まったく困らないのだそうです。勉強についていけなくて脱落した子どもは一人もいないと聞きました。

それは、めいっぱい遊びを楽しむ中で、ものの見方や考え方、理解力、いろいろな応用力といったものが自然に育っているからでしょう。それらは何を学ぶ上でも大事な基礎となります。この徳島の学校は、子どもは今をめいっぱい楽しむことで成長するということを教えてくれるよい例だと思います。

少し私自身のことを振り返ると、小学生から高校まで、学校の成績は決してよくありませんでした。一つ覚えているのは、高校で化学式が出てきたときのことです。いきなり化学式が出てきて、覚えさせられたのですが、さっぱりわかりませんでした。

その後、私が理解できるようになったきっかけは、高校生の一時期、煙玉づくりにはまったことでした。幼い頃から武術的なことに憧れがあった私は、当時、テレビで忍者が煙玉を使っているのを見て、自分で作ってみたいと思い立ったのです。といっても今のように情報があふれている時代ではありません。インターネットがあったわけでもなく、周りにそういうことに詳しい人がいたわけでもありませんでした。そこで家にあった百科事典を引きながら、ああでもない、こうでもないと試行錯誤を繰り返していました。

そうこうするうちにわかったのが、化学式では「KNO_3」と表される硝酸カリウムが、花火などに使われている黒色火薬の主な原料であるということ。その硝酸カリウムを七五パーセントほどと、硫黄と木炭を混ぜると黒色火薬ができたのです。ここまでたどり着くまでにはいろいろな実験を重ねました。あの頃は火薬系の材料を手に入れるのも、あまりうるさくなく、マッチや花火などの原料として使われる塩素酸カリウムなども薬局で買うことができたので、いろいろと買って試してみたのです。それは、とてもわくわくする体験でした。

そうして煙玉づくりに夢中になっているうちに、それまではさっぱりわからなかった化学の反応式が、もつれた糸がほどけていくようにわかっていったのです。そして、このときに得た化学の知識は、後に鍛冶仕事などを学ぶようになったときも、生きた知識として役に立ち、今でもさまざまな場面で物事を考えるときに役に立っています。

興味の赴(おもむ)くままに、実際に体験し、楽しんで学べばどんどんわかるようになる、ということは、自分自身の体験からも実感していることなのです。

学校での学びが身につかないのはなぜか

学校で学んだことを「大人になってからも生活や仕事で活かせている」と自信を持って言える人はどのぐらいいるのでしょうか。多くの人が学校で習った化学など、結局は受験のためで身についていないのだなと感じるのが、「砂鉄はどうして錆(さ)びないかわかりますか?」という質問をしたときです。こう聞くと、アレッという顔で「なんでだろう……」と考え込んでしまう人が圧倒的に多いのです。

砂鉄はなぜ錆びないのか。それは、砂鉄は鉄の錆の結晶だからです。つまり、砂鉄自体が錆なのです。より正確に言うなら、四酸化三鉄という黒錆です。化学式では「Fe_3O_4」

と表されます。すでに錆びているから、それ以上錆びないわけですが、砂鉄は黒光りしているので、錆とはイメージが違うため、錆びやすいはずの鉄がなぜ錆びないのか聞かれると、多くの人が返答に詰まるのです。

鉄などの金属は空気中の酸素と水分と反応して酸化することで錆びます。鉄の釘やスコップ、あるいはステンレスではない鋼（はがね）の包丁や刃物などを外に放置していたら錆びたという経験は誰もがあるでしょう。あれは、酸化第二鉄（Fe_2O_3）という赤錆です。

黒錆も赤錆も鉄の酸化物であることは同じですが、赤錆は隙間が多いので、その隙間から入り込んだ酸素や水分と鉄が結合し、錆がどんどん内側へ進行していきます。そのため、赤錆がつくとボロボロになりやすいのです。一方で黒錆は、表面に隙間のない緻密な膜をつくるので、錆がそれ以上進行しません。その性質のため黒錆は逆に、鉄の内部の酸化していない部分を守る効果があります。ですから、昔は鉄をボロボロにしないために黒錆を鉄製品につける工夫が行われていました。そして砂鉄の正体は安定した黒錆なので、それ以上錆びないのです。

ちなみに、刀の鍔（つば）の部分が黒っぽい色をしているのも、表面に黒錆をつけているからです。昔は、その鋳つけを行う色揚げ屋という職人がいました。武士が刀を腰に差していると、鍔が着物とこすれて鍔の縁あたりの黒錆がこすり取られ、もともとの鉄の色である銀色が出てきます。それが光ってみっともないと言って、色揚げ屋に出して鋳つけをしてもらっていたのです。日本はそういうところを凝りに凝る文化がありますから、黒錆の色にも非常に凝っていたようです。

刀の拵（こしら）えで言えば、江戸時代に苗字帯刀を許された豪商の中には、それはもう武士などが及びもつかないほど凝りに凝って、自分の刀を飾る拵えを作らせた者がいたそうです。鍔はもちろんですが、「縁頭（ふちがしら）」にもです。「縁頭」とは、柄が鍔を接するあたりに入る柄の金具の「縁（ふち）」で、柄の先端に入る金具の「頭（かしら）」とを合わせた呼称です。その縁と呼ばれる金具のわずか幅が一センチにも満たない部分に、日本の昔の物語や中国の古典を題材にした絵柄を美しく彫り込んだりしていました。

商人なのに武士の特権である帯刀が許されるのは、ごく限られた人だけでしたから、そういう商人の中には、それはもうお金をかけて凝りに凝った拵えを作った者がいたのです。どのぐらい凝ったのかと言えば、若い有能な職人を見つけてきて、歌舞伎を観させたり古典を学ばせたりして一〇年もの歳月をかけて、人としてのセンスと技術を磨かせ、その上でそうした刀装の金具を作らせていたほどです。その間、生活費から何からすべての面倒をみていたのですから、お金のかけ方が違います。

話が横道にそれましたが、錆の話に戻します。ステンレスが錆びにくいことは知られていますが、その理由はご存知でしょうか。ステンレスとは、鉄を主成分にクロムなどを混ぜた合金です。クロムは鉄よりも酸素と結びつきやすいので、鉄が酸化する前にクロムが酸化し、表面に、透明で強靱（きょうじん）な薄い膜を作ります。そのため、それ以上錆が広がりません。つまり、ステンレスというのは錆びないわけではなく、錆が透明で強靱なので錆びていないように見えるというだけの話なのです。

錆びるとはどういうことか、金属が酸素と結びついたらどうなるのかは、誰もが学校で学んできたはずですが、「砂鉄はどうして錆びないのか」とか「ステンレスはなぜ錆びにくいのか」といった質問にスッと答えられる人がどのぐらいいるでしょうか。

答えられる人があまりいないのは、学んだ学問がそれだけ身についていないということでしょう。結局のところ、多くの人たちにとっての学問は入学試験に受かるために詰め込むだけになっていて、生活で使える知識になっていないということだと思います。

努力して覚えたものは身につかない

本人の興味がないのに覚えさせられたものはなかなか身につかないということで言えば、私の場合は、外国語です。

私の母は、大正六年の生まれで神戸で育ち、セントメリー女学院という午前は英語、午後はフランス語以外使ってはいけないというような環境で教育を受けた人だったので、当時の女性では珍しく、英語とフランス語が堪能でした。戦時中はフランス語の通訳としてベトナムに渡り、戦争中の、いつ潜水艦に狙われるかわからないような状況の中、日本に帰ってきて、戦後も、フランス語の通訳の仕事をしていました。

特に私が子どもの頃、昭和三〇年代、四〇年代には、海外から来た人を引き連れて京都を案内するツアーを行うなど非常に精力的に働いていて、その後も、フランス人のシェフを招いたホテルでの日本のプロの料理人対象の料理講習会で通訳を行うなど、かなり晩年まで仕事を続けていました。母の年代で英語もフランス語も話せる人はあまりいなかったので、それなりに需要があったのだと思います。

そういう母でしたので、私にも英語を教えようとしてくれましたが、当時の私は、英語の勉強よりも、セミ捕りをしたり、野山で遊んだりするほうがずっと面白かったので、英語の勉強には身が入りませんでした。そのため結局は、「ＡＢＣ……」の発音が当時の子どもたちの中では珍しく上手にできるようになった程度でした。後になって、フランスから招かれて講習会をするようになり、フランスを訪れるうちに、フランスの雰囲気に惹かれるものが出てきて、「フランス語だけでも身につけたかった」とは思いましたが、幼い頃は、外国語を無理やり覚えさせられるのが嫌で嫌でしょうがなかったのです。あのときに母がもう少し教え方を工夫してくれれば、もっと興味を持って取り組めたのではないか、とつい思ってしまいます。

ところで、最近、ドイツに詳しい人から聞いたのですが、ドイツで生活している日本人が高齢になって認知症気味になると、日本語しか話せなくなることが増えているそうです。それはアメリカに住む人も同じようで、認知症というわけではなくても、中年の頃までは不自由なくスラスラ英語で話していた人が、年を取ってくると英語が出て来にくくなって、つい日本人と日本語で会話をしたくなる、と聞きました。

子どもの頃から向こうで育ち、自然に話せるようになった人はそんなことはないようですが、第二言語として学習して外国語を身につけた人たちがそういう事態に陥っているようです。それは、努力して頑張って覚えたものは本当の意味では身についていないということでしょう。だから、忘れてしまうのです。メッキが剝げてきたようなものでしょうか。つまり、「よし、身につけよう」と頑張って頭で覚えた学問は、本当に深いところまでは浸透しないということだと思います。

これは、私が煙玉づくりにはまったときのように、自分が興味を持って楽しんでやったことは身についても、「試験のために」と無理やり詰め込んだ学問は時間とともにきれいさっぱり忘れてしまうこととも共通しています。

このことについては、私が人生のさまざまな面で多大な影響を受けた、整体協会の創設者である野口晴哉先生も、「努力し、苦しさに耐えて学んだものは、身につかない」といった趣旨のことを本などに書かれていて、私が野口先生に強く惹きつけられたのはそのことも大きかったと思います。他人にとっては苦労に見えることも、苦労と感じずにやり続けた結果として成功があり、本当の意味で身につくということなのだと思います。

たとえば、眠気を感じながら読書をするのは苦痛であり、相当な努力を要します。そうやって読み進めても、その内容はその人にとって血肉にはならないでしょう。ところが夢中になって読んでいると眠くもなりませんし、ましてや努力をしているという感覚には一切なりません。そうして読んだ本のほうが、当然ながら、その人の血肉となるでしょう。

言語にしても、ネイティブの言葉は習った記憶がありません。いつの間にかわかるようになり、いつの間にか話せるようになっているものです。この「いつの間にかできている」という感覚が、いちばん力になるのです。ですから、教える側は、教えようとしてはいけません。教える側の役目は、まずは子どもに興味を持たせること。そして、その興味を持ち続けられるようにやる気を引き出す黒子のような存在であるべきだと思います。

「まずは基本を覚えよう」がそもそもの間違い

ここまでは主に学校教育や勉強のあり方について述べてきましたが、スポーツや技芸などの習い事の学び方についても、いろいろと思うところがあります。まず申し上げたいことは、「基本をまず覚えよう」ということの問題についてです。

どんなスポーツでも同様ですが、剣道を例に挙げるなら、現代の剣道は「正しい構え」「正しい足運び」といった「正しい剣道の基本」をまず叩き込まれます。ところが、この正しい剣道が本当に正しいのかという検証はきちんと行われていません。根拠がよくわからないまま「これが正しい」とされ、それらをまず身につけることが大事だと指導されるのです。

たとえば、現代の剣道では、左右の手を離して竹刀を持つのが「正しい握り方」とされています。しかし、昔の文献、たとえば江戸時代の葛飾北斎（かつしかほくさい）の『北斎漫画』を見ると、ここに描かれている剣術の稽古風景では全員が鍔寄りに両手を寄せて竹刀を持っています。その他、江戸期に書かれた剣術の伝書や、出来事を絵入りで説明した絵草子などを見ても、両手を寄せて刀の柄を握っている絵がほとんどです。実際は両手の間を離して持っていたのに絵だけがそうなっているということは、どう考えてもまずあり得ないでしょう。

私も二〇〇八年に韓氏意拳（かんしいけん）の韓競辰（かんきょうしん）老師のアドバイスで、両手を寄せて刀の柄を持つようになり、二年後の二〇一〇年にこの両手を寄せて竹刀や木刀、真剣の柄を持つことの研究が進んだことで、竹刀よりも速く真剣を変化させられるようになりました。真剣は竹刀よりもはるかに重いので、軽い竹刀のほうが素早く動かせるというのが現在の剣道界の常識です。ところが、両手を寄せて握ると、手が使いにくい分、身体全体、体幹で刀を操作できるようになるため、腕とは桁違いに大きな力を刀に伝えることができます。その結果、反りも重さもある真剣のほうが竹刀よりも迅速に変化させられるのです。私が竹刀より迅速に真剣を変化させられるようになって二か月ぐらいしたとき、剣道五、六段の人たちに技を見せる機会がありました。そのとき真剣で、立てられた竹刀に向かって斬り込んで行き、一瞬でその竹刀を抜いて反対側に真剣を変化させたのですが、それを見ていた何人かの人の顔がまるで表情が落ちたような虚ろな眼差しとなり、「人間が本当に驚くと『ビックリ顔』ではなく、こんな顔になるのか！」と初めて知りました。

また、立ち方も、現代の剣道と昔の剣術では違います。現代の剣道では、かかとを床から少し上げて構えるように指導されます。その根拠はよくわかりませんが、そのほうが動きやすいとされているのです。

しかし、日本の剣術史上、最も有名な宮本武蔵が自らの剣術の技術についてを記した『五輪書』に「足つかひの事」として「足のはこびやうのこと、つまさきを少しうけて、きびすをつよく踏むべし」と書いてあります。つまり、かかとをしっかり踏めと言っているのです。

いったい剣豪の武蔵と現代の「正しい剣道」は、どちらが本当に正しいのでしょうか。物事をより本質的に考えていけば、とてもではありませんが安易に「これが正しい」「これが基本」と定めることはできないと思います。

また、「正しい」とか「基本」とされていることが、本当に本質的に大切な要素を含んでいるとしても、やる本人がその大切さを理解できていなければ意味がありません。そして、基本の大切さというのはそう簡単には理解できないものです。自分の動きの質が変わってきて、ある程度使えるようになって、ようやく基本の大切さも理解できるのではないでしょうか。

その本当の大切さを理解していないまま、ただ、基本といわれる動きを表面上真似て繰り返し反復していても、それだけで動きの質が変わることはまずありません。

単なる反復練習は、童謡の『待ちぼうけ』のようなものだと私は思っています。『待ちぼうけ』では、たまたま切り株にぶつかって転んだウサギを簡単に手に入れることができてしまったために、それに味をしめて、以来、切り株の前でのんびり待っていればまた偶然ウサギが手に入るだろうと待ちぼうけている、という歌です。これに対して反復練習は、せっせと毎日練習するわけですから逆のように思えるかもしれませんが、心理的には「ただ言われたことを繰り返し練習していれば、いつか上達するだろう」と待っているのは、偶然を期待して待っていると同じで、その意味で『待ちぼうけ』状態なのです。

何が大切かを理解しないまま、しかも退屈に感じながら、ただ言われたことを反復することは、その後の上達を阻む質の悪い動きを刷り込むことになりかねません。ですから、せっせと練習していながら、むしろ下手になることさえあるのです。

世間一般では良いこととされている「基本が大事」「まずは基本を覚えよう」という考え方が、そもそも大きな間違いなのです。このことに関連して思い出すのは数学です。たとえば中学、高校に進むと、数学に「因数分解」「三角関数」などというものが、何の脈絡もなく突然出てきます。そして「大事なルールだから覚えなさい」と〝基本〟を押しつけられるわけです。当時のことを、今でも覚えていますが、本当に理不尽な感じがして、「なぜこういうものが生まれてきた過程を教えないのだろうか」と強く思いました。

こうした教え方では必然性も感じられなければ、他の分野との関連もさっぱり見えてきません。ですから学ぶ意欲が湧きにくく、生きた知識にもなりにくいのでしょう。

養老先生と、以前に雑誌の企画か何かでお話ししたときに、「教育現場では先に定理が出てくるけれど、本当は最後に発見されている。必要に迫られて地面を測量したりして、どんどん詰めていった結果として、基本的な法則にたどり着いている。ところが、教育現場では逆にそうやって出来上がった法則から頭に入れようとするから、身についた学問にならないんだ」というような話になって盛り上がったことがあったように思います。

基本を含め、大切なことは自分で見つけるべきなのです。ですから、私の稽古会では、最初から「これが基本です」という教え方はまずやりません。そもそも「教える人」と「教わる人」という一方的な関係ではなく、「学んでいる一人ひとりが自分流の開祖になることを目指すように」というのが、私が講座や講習会を行うときの基本方針です。

どのように稽古をしているのかというと、まず私の技を体験してもらって、そこで得た「え、なんで」という興味や疑問から関心を持ってもらい、「いったいどういうことだろう」とそれぞれに探求してもらいます。その中でその人なりの技が生まれ、その人独自の術理と基本ができていくというふうになってもらいたいと思っているのです。

そして現に、私とともに稽古をしている人の中には、他の武道や格闘技の有力選手と手を合わせても驚かれるほど、抜群に技ができるようになった人が何人かいます。この人たちは私のところで稽古をしているとはいえ、各人、各人の技の基盤になっている考えを聞いても、正直なところ私にはすべてを理解することはできないほど、一から自分で築き上げています。

その好例が、名古屋で「カラダラボ」という稽古会を主宰している山口潤代表です。たとえばある技について「人には黄身と白身があるんです。警察官や力士、教師といった職制はいわば白身のほうで、その白身を押せばいいのです」などと説明するのですが、山口氏以外、誰にもさっぱりわかりません。

ですが、自分よりも五〇キロ以上も重い現役の幕下力士と組んでも崩されず、圧倒するほどですから、その技は確かです。力士にしてみれば、超軽量の、しかも自分よりもずっと年齢が上の人に圧倒されるので、非常に驚いています。

そんな山口氏と一緒に稽古をすると、お互いに気づきが得られ、非常によい稽古になるのですが、それぞれの気づきはまったく違うものになります。二人で組んで研究稽古をしていても、私の気づきと山口氏の気づきはまったく違うというのは、とても面白い現象です。それは、二人がそれぞれ異なる基本から技を組み上げていっていて、その感覚をそれぞれが大切にしているからなのだと思います。

「まずは基本を身につける」という現在では常識的な教育のやり方は「まったく違う、間違っている」と言うと、いかにも私が特殊なように思われがちですが、じつはこの方式こそが伝統的な日本の職人の育て方なのです。

昔は、職人希望の若者が弟子入りすると、最初のうちは炊事・洗濯・掃除など雑用ばかりさせられて、肝心な仕事はまったくやらせてもらえません。雑用をしながら、周りの技のできる先輩たちの仕事を見て、「ああやるのか、こうやるのか」と想像しながら、まずは感覚を磨くのです。ようやく仕事をやらせてもらえるようになっても、道具の持ち方も使い方も、事前には一切教えられません。実際にやってみて、ダメだったら「ダメ」と言われるだけ。どこがどう間違っているのか、どう直せばいいのかの説明もありません。

鉋の台を作る熟練職人であった伊藤宗一郎氏の修業時代は、そうした教え方の典型だったそうです。何一つ教えてもらえないまま、ただ「作ってみろ」と言われ、それまでにその場で見て感じてきた中で培った「こういうふうに作るのだろう」という感覚をもとに見よう見まねでなんとか作り上げる。翌朝目が覚めると、自分の作ったものが全部まさかりで割られているのです。「チクショー」と思いつつ、また作ると、また割られて、それで「どこがいけなかったのか」と考え、何度もやり直して日が経っていくうちに、最初は五つ作れば五つとも割られていたのが、一つぐらいは割られないものが出てきて、だんだんと割られないものが増えていったという話です。

そんな修業の仕方は「非効率的だ」と感じる人もいるでしょう。「ろくに教えられないまま、何年も修業するなんてばかばかしい。指導法をマニュアルにして、研修を受けさせれば短期間でできるようになるじゃないか」などと言う人もいますが、それは頭だけで考えている人の意見です。

最低限形になればいいなど、とりあえず間に合う技術だけでいいのなら確かにそうでしょう。しかしながら、その後、そうした育てられ方をした者が深いところまでいけるかというと、とても難しいと思います。まず知識として先に基本のやり方を教え、覚え込ませるという方法と、自分で苦労して一から作り上げていく方法とでは、根本的に違い、安易にやり方を教わった者は、さまざまな応用が利かないでしょう。

「こうしなさい」とは教えられないけれど、その場にいることで自然と伝わってくるものが、本格的な技術を育てることになり、その後に仕事をするようになったときにいちばん役に立つのだと思います。「正しい」も「基本」もなく、すべて一から自分で組み上げていく中で、自ずと身についていくネイティブな言語と同じように、そうやってネイティブな技術が育っていくのです。

ネイティブな言語は、単語の綴りや文法から覚える子どもはいません。日本語なら日本語、英語なら英語を話す大人たちに囲まれて暮らす中で、いつとはなく自然に喋れるようになる。それと同じように、技術も環境の中で自然と育てることが大事なのだと私は思うのです。

「常識の外」を受け止められるかどうか
――桑田投手に見た探求心

「まずは基本を覚えよう」がそもそもの間違いだという考え方から育てた私の技は、一般のスポーツ関係者にはなかなか受け入れ難いようです。スポーツ団体などから招かれて、なんらかの技をやってみせると、その技が有効であれば有効であるほど、そのスポーツの指導者たちは戸惑い、迷惑そうにします。それは、私の技が今までの自分たちの常識とはまったく違う原理の動きであるため、私の技が有効であると認めると、自分たちがこれまで「基本」としてきたことを根底から変えなければいけなくなるからのようです。

ただ、なかにはごくわずかですが、今までの常識とは違うからこそ興味を持ち、本気で取り組み、動きの質を変えることに成功した人もいます。その一人が、今から十数年前、読売巨人軍の投手であった桑田真澄投手（当時）です。私が桑田氏に会ったのは二〇〇〇年で、その頃の桑田氏は肘の手術から復活したとはいえ、先発から外れてリリーフで投げる機会が増え、引退もささやかれているような状況でした。その前年に私は養老先生との二冊目の共著である『自分の頭と身体で考える』（ＰＨＰ研究所）を出していました。その本を読んで、興味を持たれた神奈川リハビリテーション病院の理学療法士の方から連絡が入ったことがきっかけで、その病院で理学療法士を対象とした講習会を行うことになり、そこにオブザーバーとして桑田氏が参加されたのが初めての出会いでした。確か、巨人軍専属の理学療法士の方がもともと神奈川リハビリテーション病院に勤めていて、そのご縁でその理学療法士の方と一緒に見学に来られたと記憶しています。

その場でいろいろと話をする中で私の動きに興味を持ってもらえたようで、後日、道場に訪ねて来られたのですが、桑田氏としても武術の動きをどう野球に活かすことができるのか、その時点で具体的なアイデアがあったわけではなかったようです。私も野球に詳しいわけではありませんから、「何をしようか」と思っていました。そこで、まずピッチングに関するルールをいろいろと教えてもらい、その中でふと思ったのが、「牽制球には武術の動きが応用できるかもしれない」ということでした。つまり、身体を突然横方向に回転させてボールを投げ、走者を刺すという動作です。

それで「牽制球ってどうやりますか?」と尋ねて、まず桑田氏にふだんのやり方でやってもらいました。後から知った話では、かのイチロー選手が「日本でいちばん牽制が上手いのが桑田さん」と評したほど、桑田氏は牽制の上手い投手だったそうです。ところが、その桑田氏のフォームを見て私は「なんだ、意外に遅いな」と思ったのです。そして、二分ほど考え、「私だったらこうやります」と、その場で思いついた動きをやったところ、桁違いに私のほうが速かったのです。そうしたら桑田氏に、「先生はセ・パ両リーグのどんなピッチャーよりも牽制は速いですよ」と笑いながら言われました。

それから桑田氏は月に数回、道場に来て、武術的な動きを稽古するようになったのですが、桑田氏が本当の意味で「今までの野球の常識と違う」と最初に気づいたのは守備だったのだと思います。

ボールが飛んで来たら地面を蹴ってボールを捕りに行くというのが、一般的な野球の(というよりも一般的なスポーツの)常識でしょう。それに対して、「ふっと膝を抜いて、身体が倒れていく動きに身体を乗せて移動したほうが速いでしょう?」と言ってその動きを私がやってみせたところ、それが印象に残ったようで、次第に「蹴らずに動く」ことが身についてきたのでしょう。それであるとき、それまでだったら捕れなかった所に飛んできた打球に「思わず身体が反応して捕れた」ということが起こり、そのときから一段と私との稽古に本気になって取り組むようになった印象がありました。

そして、「ねじらない、うねらない、ためない」という野球の常識とは真逆の投球フォームを桑田氏自身で作り上げていき、二〇〇二年には四年ぶりの二桁勝利を挙げ、年間最優秀防御率のタイトルも獲得したのです。三年ぶりの完投を果たしたときには、そのウイニングボールを桑田氏から贈られました。このボールには、「甲野先生に、巨人軍桑田真澄18　大阪ドーム　161（これは一六一勝目の意味）　スワローズ戦3―1　完投9勝目」というサインが入っていました（**写真参照**）。

このように最終的には良い成績を挙げたものの、結果

写真　桑田真澄投手（当時）から贈られたウイニングボール

が出るまでは、野球界の常識とは異なる投げ方だけに、「力感がない」「ダイナミックさがない」などと周囲からはことごとく批判されたようです。それでも桑田氏が貫き通せたのは、興味の赴くままに探求していくという子どものような好奇心を持っていたことと、「今正解と言われていることが本当に正解かどうかはわからない」ということをよくわかっていたからではないでしょうか。

豊かな環境で学ばなければ〝溺れるアザラシ〟になる

教え込まれるのではなく、その場にいて見て感じて自然と覚えることが大切という点では、その環境の豊かさがとても大事になります。

今、私が気になっているのは、子どもたちの身の回りに上手に身体を使って仕事をする大人たちが絶無に近いほど減っていることです。昔なら自然と子どもたちの手本になった、大工、とび職、左官、植木屋等々の上手に身体を使って仕事をする大人が現代は周りにほとんどいないのですから、子どもたちの身体の使い方が下手になるのは仕方がありません。

生物にとって環境の豊かさがいかに大事かを教えてくれるのが、アザラシやオットセイという水の中を主に生活基盤としている動物たちです。アザラシやオットセイは、あんなにも泳ぐのに適した身体をしているのに、生まれて間もない頃に群れから離され、飼育係のもとで浅いプールで水浴びをさせながら育てられて、大きくなってから突然深いプールに入れられると泳げなくて溺れてしまうそうです。最初この話を聞いたときには、「え？」と驚きました。何しろ、これらの動物は泳ぐこととは切っても切れないほど、泳ぐことに向いた体形をしているのですから。それで溺れるのかと、そのギャップにびっくりしたわけです。それが、何年か経って、あるとき突然「これって人間と同じだな」と思い、深く納得しました。

何をどう納得したのかというと、アザラシやオットセイは水中で生きていく以外の生き方ができないほどに身体がそうした生活向きにできているために、魚を捕って生きていかなければなりません。ですから、単純に泳げるだけではなく、巧みにさまざまな泳き方ができなければなりません。しかし、そうした泳ぐ技術は、種類が多すぎて本能に入りきれませんから、あえて本能には泳ぐ技術は入れない状態にして、生まれてから後天的に仲間たちから学ぶのでしょう。ですから、育つ環境がとても大事なのです。

一方で、犬や猫は成体となるまで一度も泳いだことがなくても、いきなり水に放り込まれても泳げます。ただし、応用は利きません。いわゆる犬かきと呼ばれる、あの泳ぎ方しかできません。でも、ふだん水とは縁のない生活をしている犬や猫にとっては、何かの拍子に水中に落ちたときのために救命ボートのような役割をする泳ぎ方を一つ身につけてさえおけば十分なのです。ですから、本能に組み込むことができているのでしょう。

アザラシやオットセイは、「なまじ本能に泳ぐ技術がインプットされていると、かえって邪魔になるのだな」と思い至ったときに、「ああ、そういうことか」と納得したのです。

つまり、何に納得したかと言うと、高等動物ではないものほど、本能で決まっているものが多いということです。鳥にしても、教わらなくても同じような巣を作ります。木の枝ばかり集める鳥や、苔を使う鳥などがいて、巣を見れば「この巣を作ったのはあの鳥だろう」と予想がつくぐらいに作り方は決まっています。それは、本能に巣の作り方が刷り込まれているからです。

昆虫の場合は、もっと本能の力が強く働きます。『ファーブル昆虫記』にも書かれている話ですが、地蜂は巣穴をどんなふうに覆っても必ず穴の入り口を掘り当てます。穴の上に石を置いても馬糞を置いても、入り口をピタッと掘り当てて、自分の巣の中に入っていくのです。

ところが、巣を全部掘り返したら、自分がいちばん大事にしている幼虫がそこらにさらされているにもかかわらず、幼虫をはねのけて巣穴の入り口を探すのです。つまり、穴の入り口を見つけてその穴を通って行くことで初めて自分の子どもと認識することができるのです。さまざまなことが本能で決まっていると、応用はまったく利かないというわかりやすい例です。

人間はどうかと考えると、本能で決まっているものは極めて少ないことに気づかされます。たとえば、寝方にしても、「こういう環境で、こういう体勢でなければ寝られない」などと特別な寝方が決まっているわけではありません。

本能で決まっていることが少ないからこそ、後天的に学ぶ余地が多いわけで、アザラシの泳ぎ方と同じように、いろいろなことができるようになるのだと思います。つまり、学ぶということは、本能に組み込まれるものよりもずっとたくさんのことを習得できるのです。人間は、ほとんどすべての動作、基本的な生活技術がアザラシの泳ぎと同じで本能に組み込まれていないからこそ、さまざまな知恵を働かせて文明を築いてきたのでしょう。

ただその反面、その優れた知恵をさまざまに働かせて環境も改変してしまい、そうした知恵を働かせることがなければ保たれていたであろう豊かな自然環境をメチャクチャにしてきました。つまり、知恵があるということは、自分たちが暮らす環境自体も壊してしまう危険性があるということです。

幼いときに、巧みに身体を使う大人と接しておく

先ほど述べましたが、現在のような社会環境になって子どもたちのために私が特に案じているのは、上手に身体を使って働く大人たちがほとんどいなくなっていることです。

昔であれば、名人と呼ばれるような職人が家や家具を作っていたり、農作業や林業に従事するベテランの人たちが田んぼや畑で土を耕していたり、草を刈ったり木を伐ったりしていました。そうした上手に身体を使って働いている大人たちを見る機会が日常的にありました。しかし今は、そういう機会が本当になくなっています。物づくりの現場はどんどん機械化され、身体を使わなくなっていますし、何か物を担ぐにしても上手に身体を使って担いでいる人はほとんど見かけません。農作業も林業も同じで、耕作にしても草刈りや木の伐採にしても、ほとんど機械化されています。

蕎麦屋の出前も、昔のようにそばの載ったせいろを何段にも積んで自転車をこいでいる人など、まったく見かけなくなりました。見たことのない人はインターネットででもぜひ見ていただきたいのですが、一〇段以上積み重ねられ、二メートルもの高さになったせいろや丼ものを、器用に肩に乗せて、片手で押さえながら自転車に乗っている出前の様子の写真がたくさん残っています。

私もよく覚えています。東京の神田あたりにすごく上手な出前の店員がいて、出前から帰ってくると、自転車をキーッと止めて、片手で担いでいた盆をポンッと上に放り上げるのです。そして盆が落ちてくる間に自転車を降りて、投げた盆のほうは見もしないで「あいよ」と受け取る。毎回そうやって自転車から降りるので、近所の人たちはよく知ってて、その人が出前から帰って来ると「やるぞやるぞ」と言って待ち構えていました。そんなに何段も積んではいなかったと思いますが、見事なものでした。本人も、観客がいるから張り切ってやっていたのでしょうし、それが仕事の張りにもなっていたのだと思います。

昭和の中頃まではそういった「身体を上手に使って仕事をする大人たち」が、身近にたくさんいました。ですから、日本で育てば自然に日本語が話せるようになるのと同じで、幼いときに身近にそういう大人たちを見て育った当時の子どもたちは、上手な身体の使い方を自然に覚えたのだと思います。

では、上手に身体を使う大人たちを身近で見る機会のなくなった現代では、どうすればいいのでしょうか。「昔は良かった」と嘆いてばかりいても仕方ありません。

私は、せめて子どもたちが幼いときにできる限り、現代では本当に少なくなった巧みな身体動作ができている職人などに接するようにさせ、巧みな身体の使い方の基礎を構築させるようにすることが重要だと思います。

余計な知識のない幼いときには、巧みに身体を使う大人に接すれば、自然と憧れて「ああいうことができるようになりたい」と思うものです。幼いときは、「自分には無理だろう」といった意識に妨げられることもなく、そのときは無理でも真似をしているうちに自然に無理なく上手な動きを習得していくことでしょう。

幼いときには誰でもまさに天才としか言いようがない習得能力を備えています。言葉などは教えなくても、ただその言葉を使う人々がいる環境にいるだけで自然と身につくのですから。繰り返しになりますが、幼いときに非常に巧みな身体の動きをする大人と接することは、その後のさまざまな動きや技などを行う際のいちばんの基盤になると思います。

人造ではなく、もともと備わっている心身のルールで技を深める武術の汎用性

体力や運動能力を身につけるために小さい頃からスポーツをやっている子どもたちは多いと思いますが、人間のさまざまな働きの基盤となる身体の使い方を身につけるには、私は、「我田引水」のようですがスポーツよりも武術のほうが向いていると思います。

なぜなら、武術には必然性があるからです。それに対してスポーツは、人が決めたルールに基づいています。そこには必然性はあまりありません。たとえば、野球では打者が三つストライクを取られると三振となってアウトになります。でも、三振ではなく四振や二振でアウトにするというルールに変えても試合が成り立たないわけではありません。同じように、バスケットボールでは相手チームのゴール下にある制限区域内で三秒以上留まってはいけないという三秒ルールがありますが、それだって、四秒でも五秒でもいいでしょう。三秒のほうが試合展開が速くなって面白いなど理由はあるのでしょうけれど、必ずそうでなければ成り立たないという必然性はありません。

その点、武術の場合は、動き方にルールがあるわけではありません。あるのは、「人間

の身体はどう動くか、心理的にどういう傾向にあるか」という人間が考えて決めたルール以前の、人間という生物が生きて活動していく上での原理があるだけです。肘は内側にしか曲がりませんし、人間は転倒しそうになると無意識に足を一歩踏み出してバランスを取ろうとします。また、相手に打たれてダメージを受けそうになれば、なんとか回避しようとします。

こうしたことは武術に近い武道でもある程度は養われるでしょうが、たとえば剣道のように、有効打突（だとつ）は面（頭部）、胴（左右の胴）、小手（こて）（左右の小手）、突（つき）（のど）の四か所のみと決められていると、首などの強く打たれれば命に関わる所や、目のようなちょっとしたダメージでも戦闘不能となる所をまずかばおうとする働きが鈍くなる恐れがあります。

武術の稽古は、その瞬間、瞬間に状況を把握し、人間が決めたルール以前のもともと人間の心身の働きに備わっている機能を磨いて、いかに適切な行動を速やかに行うことができるかという訓練で「対応の仕方」を学ぶものです。ただ、いちばんの問題は、そうした武術を教える指導者が非常に少ないということです。とはいえ、状況を武術として捉えるセンスがあれば、さまざまな場面で起こることそのものを武術の稽古とすることができます。身近な例を挙げれば、私の長男の陽紀（はるのり）は、私と同じような身体の使い方を教えることを仕事にしていて、「身体技法研究者」と名乗り、「武術」と称していませんが、武術的な対応の場でも、今まで培ってきた身体の対応力は、ちょっと普通ではありません。

人間が生きる営みとは、「こうしたらどうなるか」、何かが起きてしまったときにそれを「いかにより良い形に収束させるか」といった、すべての人や状況に「どう対応するか」ということを判断して対応することの連続です。ですから、人間が人間として生きている以上、武術に無縁な人は誰一人いません。武術は、人間が生きることに直結したものであり、その稽古は生きる術（すべ）を絶えず訓練し続けているものだと言えます。

もう一つ付け加えるなら、柔道や合気道などにも共通しますが、武術は人が人と向き合って行うものであり、肌感覚で行うということも大事な点です。

今は、人から手を握られたり、あるいは幼い子どもを抱っこしたりといった経験がほとんどないまま大人になる人も珍しくありません。昔であれば、兄弟姉妹が多かったり、近所の子どもの面倒をみていたりして、赤ん坊を抱っこしたり、子どもをあやしたり、手をつないで歩いたりといった経験を中学生ぐらいまでに積み重ねていました。ですから、自分が子どもを持ったときにも、抱っこをするにしても子どもをあやすにしても自然にできたのですが、今の若い人たちはそういう経験が乏しいので戸惑うことが多いようです。なかには、子どものよだれが服につくのが嫌だと言って、身体をのけ反らせ気味にして我が子を抱っこしている人も見かけます。

触れることも、人と人の間に生まれる人間として必要な営みです。合気道や柔道は他のスポーツに比べて、肌感覚を養うという意味では、子どものうちから経験する意味は大きいと思います。

ただこれは、何事についても言えることですが、要は「指導者次第」です。指導者によっては、かなりスポーツ的な競技武道でも学んで意味のあるものになるでしょうし、武術でも、実戦を強調している指導者に身体を壊されたら、やらないほうがよかったということになってしまいます。

日本人は西洋人の真似をする必要はない

私が研究しているのは主に江戸期の日本の武術ですが、当時の資料を見ていると、歩き方や立ち方からして、今とは違うことに気づきます。

昔の日本人は、今のように、出した足と反対側の腕を大きく振って、身体をねじるような歩き方はしていませんでした。着物を着ていたことも関係していたのだと思いますが、基本的には手を振らずに歩いたり走ったりして、もし手を振るなら同じ側の手と足を出す歩き方をしていました。そのほうが楽に歩けますし、着物も着崩れなかったのです。

この「同じ側の手と足を同時に出す」歩き方は、ナンバ歩きと呼ばれます。陸上の末續慎吾選手が二〇〇三年の世界選手権パリ大会の二〇〇メートル競技で銅メダルを獲ったときに「ナンバ走りを意識した」と発言したことで注目を集めました。当時の末續選手は、日本古来の技術や日本人に合った走法を取り入れることに取り組んでいたそうで、末續選手に関わっていたというコーチの方からお礼を言われたことがありました。

歩き方だけではなく立ち方も昔の日本人は今とは違い、膝を伸ばして立つ習慣はありませんでした。幕末や明治の初めに日本で撮影された写真を見ると、武士は袴でわかりませんが、脚部が見える姿の庶民で膝を伸ばして立っている人は一人もいません。膝を少し曲げて立つのが当たり前で、着物の着丈も少し膝を曲げた状態に合わせて仕立ててありました。

日本人が膝を伸ばして立つようになったのは、明治維新後です。明治に入ってから、当時の上流家庭の人たちは「西洋に追いつけ追い越せ」とばかりに西洋人の家庭教師を招き、子弟の教育を依頼していましたが、その家庭教師が日本人の子どもたちにしきりに言っていたのが「膝を伸ばして」ということだったようです。幕末から明治にかけて日本にやって来た西洋人たちの話をまとめた渡辺京二先生の名著『逝きし世の面影』（平凡社）に、その様子が描かれています。

現代の日本人は膝を伸ばす習慣がすっかり身についてしまい、膝を曲げて立っていると「姿勢が悪い」と見られかねませんが、現在、少なくない数の高齢者が膝を痛めているのは、膝を伸ばすという日本人にとっての新しい習慣が要因の一つのように思えてなりません。西洋人と東洋人では身体のつくりも生活習慣も違うのですから、身体の姿勢や動かし方も違って当然なのです。

では、生活が西洋化され、からだつきも変わってきた今の子どもたちはどうかというと、昔の日本人に比べると脚が長くなり、体形は変わってきましたが、それでもまだまだ日本人らしさが色濃く残っています。現代の学校では、それこそ「姿勢が悪い」と注意されてしまい、膝を伸ばさない立ち方は許されないかもしれませんが、本来は膝を伸ばした立ち方は日本人には合っていないのだと私は思います。

欧米人と日本人の違いについて、身体教育研究所の野口裕之先生から伺った話によれば、欧米の人は「動きの焦点」が、頸椎（けいつい）七番という所にあるそうです。首の骨は七個の骨が積み重なっていて、そのいちばん下の、手で触ると他の椎骨より飛び出しているように感じられる骨が頸椎七番です。欧米人は、この頸椎七番を、動きの焦点として使っているようですが、日本人の場合は、それが腰にあります。

その違いがわかりやすいのが、年を取ったときの姿勢です。欧米人が年を取ると、腰が曲がるというよりも、この頸椎七番が盛り上がるような感じになってきます。一方、日本人の場合は、先に述べたように腰に焦点があるので、年を取ると腰が曲がる傾向が出てきます。それだけ身体のつくりが違うということです。

今でこそ滅多に見ることはありませんが、私が子どもの頃は激しい労働で腰が曲がり、上半身が地面と平行になるぐらいの状態で杖をついている高齢者をしばしば見かけました。

また、私は筋トレの問題点についても以前から指摘してきましたが、筋トレはそのやり方を綿密に工夫して行わないと、かえって身体の使い方が下手になりかねないのです。

筋トレでは、特定の筋肉になるべく多く負荷をかけ、疲れさせ、それによって筋肉を大きくしようとします。疲れれば疲れるほど「やった感」「頑張った感」が得られるので、ついはまってしまうのも理解できますが、これでは、「仕事のときには疲れないほうがいいので、なるべく負荷がかからないように上手に身体を使うようになる」という、本来の身体の使い方とは逆のことが起きてしまいます。つまり、筋トレは部分的に身体に負荷をかけ、身体を下手に使う練習をせっせとやっていることになりかねないのです。

こうしたことを言うと、「いやいや、私は筋トレをしてきたからこそ、スポーツで成果を挙げられたのです。それについてはどう思うのですか?」などと反論する人がいるでしょう。それに対しては、「もしも『結果として筋トレにもなった』という、もっと有効なトレーニングをしていたら、さらにいい成果を挙げられたでしょうね」というのが私の答えです。「結果として筋トレにもなっている」とはどういうことかと言えば、自分にとって心理的にも必然性のある動きをすることに尽きます。雑巾がけのように家の中の仕事で身体を使うのもその一つですし、木登りのような状況はもっと有効です。何しろ木登りは、手を離したら落ちて大怪我をしますし、ときには命にも関わりますから、安全な所で「あと一〇回頑張ろう」などと思ってバーベルを上げているのとはまったく心理的状況が違います。

「一つ間違えば落ちるかもしれない」という状況下では、もし手が滑ったら、迅速かつ適格に次の行動に移れるようにと、常に潜在的に身体自体を司っている意識というか神経が、準備をしています。ですから、安全な所でバーベルを上げていることでついてくる筋肉とはまったく違った質の、細かく割れた筋肉が発達してくるのです。そういった細かく割れた使える筋肉こそ武術にとって必要なものですし、必要だからこそ武術の稽古でもそういう筋肉はつくのです。

一九七六年に亡くなった黒田泰治（やすじ）鉄心斎という方は、近代の日本武術の本当の達人と呼べる方でした。何気ない日常の作業をしているときも、その腕の筋肉が細かく割れてプルプルと振動していて、その腕の中に何か別の生き物がいるように見えたという話です。

私は、古希を越えてもう七四歳になりますが、今がいちばん「技ができる」と感じています。実際にプロボクサーなどと手を合わせても相手に驚かれるような動きができるようになってきました。それは、これまでに一度も筋トレなどしたことがなく、ひたすら技の研究をしてきたからだと思います。もしも私が筋トレに精を出していたら、この年でもなお「技が上達する」ということはあり得なかったでしょう。

上手に身体を使うには、心理的に必然性のある動きを行うとともに、筋肉の緊張と弛緩を速やかに変化させる必要があります。そのためには、筋肉が弛むべきときには滑らかに弛み、動きを邪魔しないことが大切です。ところが、単純な筋トレを行ってしまうと、弛むべきときにうまく弛まず、中途半端な弛みしかできなくなるようです。

特に身体の使い方が未熟な子どものうちに安易な筋トレで負荷をかけてしまうと、武術をするにも、他のどんなスポーツをするにも、本当によい身体の動きはできなくなるように思います。子どもはとにかく遊び回らせることがいちばんだと思います。

第四章
短所は未来の長所に変わる可能性を秘めている

不登校が未来を切り拓く

前章ではいかに学ぶかという話をしましたが、もっと言えば、必ずしも学校で学ぶ必要はないと、私は思っています。

昔は今のようにインターネットも何もありませんでしたから、教室に子どもたちを集めて教えるしかありませんでした。しかし、現代は自分で学ぼうと思えばいくらでも方法があります。それなのに、狭く閉ざされた教室に押し込めて学ばせること自体、間違っていると思います。つい先日、あるイベントに招かれ、養老孟司先生とご一緒したのですが、その際養老先生は「子どもたちをずっと狭い教室に閉じ込めておくというあり方自体が虐待に近いことである」と話されていました。

学校に行かないという選択、つまり不登校は一般には良くないこと、ネガティブなことのように捉えられます。

しかし先にご紹介した、ユニークな数学者として独自な生き方を選び、小林秀雄賞や河合隼雄学芸賞を受賞し、これからの時代を背負う人物として注目されている森田真生氏は、あるオンライン講義の中で「これからの時代を拓く人材は、今、不登校を選んでいる子どもたちから出てくるのではないか」と語っていました。都内有数の進学校を経て東京大学を卒業し、今は独立研究者として活躍している……という、学歴に魅力を感じる人から見ればまぶしいほど華麗な学歴を持つ森田氏が、「不登校を選んでいる子どもたちこそが」と語っていることは非常に興味深いことです。

不登校を選んでいる子どもたちは、いろいろな理由や事情があるのだと思いますが、今の学校教育に身体感覚で疑問が湧き、行けなくなっているという面もあると思います。

何しろ、学校自体が大学の予備校、就職の予備校に成り下がり、入学試験でうまく答えられる子どもを育てるための訓練場になってしまっている。そうしたことに対して「おかしい」と身体が感じているからこそ、行けなくなったのではないでしょうか。進学校と呼ばれる学校に入学した子どもの中には、学校の授業についていけなくなって不登校になる子どももいると聞きますが、授業のレベル云々以前に、「人が人として成長していくために必要な学問なのか?」という問題もあるように感じています。

今は、大人も子どもも、自分で考えて行動するのではなく、ただ周りに同調して「周囲と同じようにしていれば安心」という風潮がありますが、不登校を選んだ子どもたちの中には、ただ周りに合わせて無批判に学校に行くのではなく、自分自身で感じ、考えているからこそ不登校になったという子も少なからずいると思います。森田氏が「これからの時代を切り拓く人材は……」と語ったのは、何が起こるか予測不能なこれからの社会を切り拓いていくのは、今、不登校を選んでいるような「自分で感じ考える力を持っている子どもたちのほうではないか」と考えたからなのではないかと思います。

実際、いわゆる普通の学校に通うことをやめた人たちの中に逸材が生まれ始めています。たとえば星山海琳（まりん）さんという女性は、小学校に入って間もなく、学校がつまらなく感じて通うことをやめたそうです。そこから小・中・高と普通の学校へは通わず、教科ごとのいわゆる勉強も一切していなかったそうですが、一七歳の八月に「来年から大学に通いたい」と思い立ち、一念発起して勉強を始めたところ、一一月には「高認」と通称されている、大学受験に必要な高等学校卒業程度学力認定試験に合格しています。

「よし、大学に行こう」と思い立ってからわずか二か月半という期間で、小学校四年生ぐらいから高校二年生ぐらいまでの約八年間分の勉強をマスターしたわけです。小学校四年生の算数は一日で習得したと聞きました。そして、年明けの大学入試にも希望どおり合格して、大学に入学したのです。

星山さんの場合、小学校をやめたあと、一一歳まではデモクラティック・スクールといって、時間割も授業もテストもなく、子どもたちは自分のやりたいことを好奇心の赴くままに続けることができるという自由な学校に通っていました。ここでは学年もクラス分けもなく、多様な年齢の子どもが一緒に過ごし、学んでいたそうです。そして、このデモクラティック・スクールを卒業したあとは、母親とともに「デモクラティック・フィールドのらねこ」という、学校という枠を取り払って子どもだけではなく大人も参加できる学びの場をつくり、教育や子育ての相談やサポートなどの仕事を行っていました。

そうやって社会生活をしてきた中で理解力や集中力が養われていたからこそ、八年間分の勉強をたったの二か月半でマスターできてしまったのでしょう。つまり、教科としての勉強はやってこなかったとしても、自由に過ごしてきた八年間の中で、特に社会経験を積んできたことで、モノの道理や原理を無意識に学んでいた。だからこそ、独学で教科書を読んでも「なるほど、これはこういうことか」「算数で表せばこういうことになるのか」などと納得しながら、スッと理解ができたのだと思います。

私は、実際にお会いして対談をしましたが、独特な雰囲気のある方でした。そして、その才能を開花させたのは、お母様の吉田晃子さんの存在も大きかったと思います。ただお会いしただけでは「天然な雰囲気の方だな」という印象を最も強く感じましたが、よくよく話を伺っていると、親と子の関係、接し方に尋常ではない、ある種の凄みを感じました。あるときには大浴場で親子二人で泳いでいて、その場に居合わせた人に叱られ、二人で頭を下げて謝ったということがあったそうです。

そんなエピソードからも、「親として子を躾けなければいけない」という枠さえ取っ払って、一緒に生きることを楽しむ様子がうかがえます。こうあるべきという「基本」を押しつけるのではなく、あるがままの相手を認めて、自分で自分を教育するということをまさに実践された親子なのだと思います。

友だちはいてもいなくてもなんとかなる

学校に行かなくてもいい、不登校でもいいと言うと、「協調性のない人間になる」「友だちと遊ぶという経験もできないのではないか」といった意見もあるでしょう。たしかに、友だちと遊ぶ、一緒に過ごすという環境はあったほうがいいと私も思います。ですから、学校以外にも、星山さんが通ったデモクラティック・スクールや、徳島にある自然スクールＴＯＥＣのようなフリースクールなど、子どもたちが集まって自由に過ごせるような場が大事なのだと思います。日本全国で、そういう私塾をもっと増やすべきでしょう。

こうした私塾の良いところは、いろいろな年齢の子どもが一緒に過ごすことです。それは、子どものために非常に良い環境だと思います。

子どもにとっていちばんの教師は子どもである――。

これは、以前に養老先生から伺った言葉です。たとえば、乳児が発するまだ言葉になりきらない声を喃語（なんご）と言いますが、大人には何を言っているのかさっぱりわからないのに、年の近い兄弟姉妹にはなぜかわかることがよくあります。「今、水ほしいって言ってる」などと通訳して親に教えたりしていますから。

学校でも、いろいろな学年の子どもが一緒にいれば、上の子は下の子の面倒をみることを自然に覚えるでしょう。また、頭が良くて反応のいい子は、同じ年の子に囲まれるとつまらなく感じるかもしれませんから、年の違う子がごちゃ混ぜにいる環境のほうが刺激があり、面白いのではないでしょうか。

ただ、そもそも友だちは絶対にいなければいけないということはありません。幼少期、身体が虚弱で、その後、発奮して独自の方法で自分の身体を鍛え、後に世の中に知られるようになった人物などは、だいたい親しい友人などなく、その環境で自分自身と向き合ったことが後の大変身につながっています。

私自身の幼少期を振り返ってみても、特に小学校の頃は家から離れた学校に、当時としては珍しく電車に乗って通っていたこともあり、帰宅してからは一人で過ごすことが多かったものです。それでもまったく気になりませんでした。中学、高校になると、話をするような友だちはできましたが、竹林で遊んだり、煙玉づくりにはまったりしたのは、いずれも一人で行っていたことです。自分の興味の赴くままに好きなことをやっていれば、一人でいることは特に気にならないのではないでしょうか。

それに、人と気が合う、ウマが合うというのは感覚的なことであって、強制されるものではありません。学校という限られた場では出会えなくても、ご縁がある人とは人生のどこかのタイミングで出会うものです。

「苦手」は将来を決める拠り所になる

子どもに苦手なものがあると、克服させようとする親もいるかもしれませんが、本当に駄目なものというのはどうしようもありません。そして、どうしても苦手なもの、駄目なものがあることは悪いことばかりではありません。それに関わる仕事に就くことは到底無理ですから、将来の仕事を選ぶ際に選択範囲が絞られて迷いがなくなるという良さもあります。

こう断言できるのは、私がまさにそうだったからです。私の場合、それ（その苦手な物）に対して我慢や妥協が到底無理だった物とは、洋服によくついていて、穴をくぐらせて留める、あの小物なのです。カタカナで書けば三文字の、世の中の至るところにある「あれ」です。このように回りくどい言い方をしているのは、その名前を口にするのも見るのも、手に触れるのは一層嫌だからです。それぐらい、私にとってはどうしても嫌なのです。これは物心ついたときから今に至るまでずっと変わりません。

子どもの頃に「これ」がついている洋服を着させられたときには泣いて嫌がっていまし

た。じつは今、私がふだんから着物に袴という和装をしているいちばんの理由は、私の嫌いな例の物がついている洋服を着たくないからなのです。いえ、「着たくない」というより「着られない」というほうが正直な感想です。

特に悩みの種だったのが、礼装をしなければいけないときでした。普段着であれば、洋服であっても、頭からかぶる形式のセーターやTシャツ、スナップやファスナーで留める形式の衣類を選べばよかったのですが、礼装となるとそうはいきません。洋装の礼服となるとスーツですから、どうしても例の物が付きまといます。

和装をすることで、その長年の悩みから解放されたのです。今でもはっきりと覚えていますが、三〇歳を目前にした一九七八年の大晦日が、初めて羽織袴で外出した記念すべき日です。どういう訳か、ふと和装で初詣に行こうと思い立ち、そうなると矢も楯もたまらなく和装がしたくなり、スーパーへ行ってネルでできた和式の寝間着を買ってきて母親に襟を襦袢（じゅばん）ふうにあしらってもらった上に、私にはずいぶん袖丈の短い父親の着物を着て羽織も借り、合気道などの稽古でふだんから使っていた稽古用の黒いテトロンの袴を穿（は）いて出かけました。

寄せ合わせのかなり奇妙な出で立ちだったと思いますが、非常に晴れ晴れとした気持ちになったことをよく覚えています。それで電車に乗ったとき、実に奇妙な体験をしました。周囲の洋服を着ている人たちが、なんともおかしく見えたのです。そして、そのとき、明治の初期に田舎から横浜あたりにやって来た人が洋服を着た日本人を見たとき、今の私と同じように感じたのではないか、と思いました。

そういう体験をしただけに、当初は着物を着るのは、まあ正月の間だけと思っていたのですが、松の内が過ぎても洋服を着て出かけようという気はついぞ起こらなくなり、気づけば、和装が常となりました。以来、四〇年以上にわたって、着物に袴、そして足元は朴歯（ほおば）の高下駄という組み合わせが、私の外出姿になっています。

なぜこんなにも例の物が苦手なのか、はっきりとした理由はまったくわかりません。ただ、もしかしたら母親の影響が多少はあるのではないかと思います。というのは、私の母は、果物の種が異常に嫌いだったのです。スイカのような平らな種はそうでもなかったようですが、特にサクランボやブドウのように少し丸みのある種が駄目でした。多くの子どもがそうであるように私はサクランボが好きだったのですが、なかなか買ってもらえませんでした。

丸みのある種というものは、どことなく例の物に似ています。ですから、その影響で、私も苦手になったのかもしれません。

そして、この例の物への嫌悪感が、人生の選択にも大いに影響を及ぼしたのです。まず私は、自宅から電車で三駅ほど先の私立明星小学校を卒業したあと、明星中学校、高等学校と進んだのですが、それは制服がホックで留める形式の学生服であったことが第一の理由でした。制服は毎日着るものですから、例の物に悩まされないで済むということは、私にとってとてもありがたかったのです。

さらに、将来の仕事のことを考えても、スーツを着るような仕事は無理だろうと早くからあきらめていました。そうなると、会社勤めはまず無理でしょうし、接客業も無理でしょう。ですから、できる仕事はどうしても限られるのです。

そのことに対して、「つまらないことで人生の選択肢を狭めた」と後ろ向きに捉える人もいるでしょう。しかし、人から見れば些細なことでも、私にとっては絶対に譲れない、我慢など決してできないことだったのです。その結果、そうした絶対に苦手なものがあったおかげで迷いなく選択肢が絞り込めたと考えれば、悪いことではありません。

「好きなもの」も深く追求していけば、なぜ好きなのか理由などわからないように、「どうして苦手なのか、どうして嫌なのか」も明確な理由などないので、努力で変えられるわけでもありません。ただ、本人にとっては切実ですから、「どう生きていくか」を考える上で「絶対苦手なもの」は重要な判断材料となります。

私が会社勤めはできないと思った、もう一つの理由

私が小学生の頃、子ども心に「自分は将来、会社勤めはできるだろうか、難しそうだな」と思っていた理由は、スーツを着られないこと以外に、もう一つあったのです。それは、今の私を知っている人には一様に驚かれるのですが、子どもの頃の私は、極端な人見知りだったことです。母親から買い物を頼まれたときには、買う物を紙に書いてもらって、その紙を店の人に見せて、品物を受け取って代金を払うと一言も喋らないまま、逃げるように走って帰って来るのが常でした。「これをください」という一言がどうしても言えなかったのです。小学校三、四年生ぐらいまではそのような感じだったと思います。

小学校にはすでに話しましたように電車に乗って通っていたのですが、そのために必要だったのが、定期券を買うことです。そして、定期券を購入するには、通学証明書を学校で書いてもらう必要がありました。当時は、学校の事務室に行って定期券を見せると、こ

ちらが何も言わなくても事務の人に証明書を書いてもらえたのです。

それで、子どもというのは面白いもので、その頃の私の悩みは「大人になって会社に勤めれば『証明書を書いてください』と言わなければいけないのか……でも、自分には言えないなあ」ということでした。会社勤めをすれば他にもっと難しい交渉事が山ほどあるでしょうに、当時の私に想像できたのはそのぐらいだったのです。でも、子どもだった自分にとっては、それは非常に切実な悩みでした。

子ども時代の私はそのような感じでしたので、まさか将来人前で話をしたり、初対面の人と対談をしたりすることを仕事にするとは、私の身近にいた誰も、まったく想像できなかったでしょう。何より私自身がそのような未来は微塵(みじん)も想像もできませんでした。

「運動神経がいい」とか「勉強ができる」とか、そうした取り柄となる能力もなければ、極端な人見知りで引っ込み思案。「そんな自分が人を相手に仕事をするのは無理だろうから、将来は動物を相手にする仕事に就いて牧歌的に暮らそう」などとぼんやりと考えていました。それで、大学は農学部の畜産学科に進学したのです。就職情報誌か何かのテレビコマーシャルで、あがり症の青年が「動物相手であれば緊張しないから」と、水族館の飼育員になった、というものがありましたが、私もまさに同じような感じだったのです。

体育が苦手だった私を変えた、ある訓練

とにかくすべてにおいて引っ込み思案でしたし、運動神経も決して良いほうではありませんでした。それに、球技をしようにも野球のルールなどがどうにも覚えられませんでした。

野山を歩き回ったりすることは好きだったので、体力はそこそこあり、長距離走であれば比較的得意だったように思いますが、小学校の頃というのはそんなに長距離は走りませんね。そういうわけで、小学校の頃の体育の成績は、五段階評価でだいたい「3」。下から三番目の評価でした。

それでも武術的なことへの関心は、子どもの頃からずっとありました。変な人に絡まれてすごまれたり、何人かに囲まれていじめられたりしたときに、何もできないのではどうしようもないので、「何かできるようになりたい」という本能的な思いが、武術や武道への憧れにつながったのだと思います。

けれども、すぐに武術を始めたわけではありません。中学一年生のときに剣道部に入ろ

うと思い、竹刀まで親に買ってもらいましたが、結局は始められませんでした。剣道部に見学に行ったことは行ったのですが、「何か用があるの?」と顧問の先生に声をかけられただけで、その場から逃げ出してしまったのです。それで、すっかり行く気をなくしてしまいました。別に咎められたわけでもなく、優しく聞いてもらっただけだったのですが、まだ引っ込み思案な性格のままだった私は、それだけで尻込みしてしまったのです。

そんなふうにとにかく内気で引っ込み思案で、武術的なものを稽古したいと思いつつも踏み込めずにいた私が変わった一つのきっかけは、どうしても高く跳び上がれるようになりたくて、跳ぶための猛練習を高校生になってから始めたことだと思います。まあ、その頃になると普通に人と話せるようにはなっていましたが、まだ武術を始めるには至っていませんでした。

当時は、テレビで富田常雄原作の『姿三四郎』や『柔(やわら)』など柔道ものが人気でしたが、あの頃の登場人物は、どういう訳か、技が使える者はその技ができることの証明でもあるかのように高く跳び上がるのです。ですから、屋根の上に跳び上がったりするシーンがよく出てきました。その姿に憧れて、「屋根まで跳び上がれたらさぞ気持ちがいいだろうな」

と思い、自分でも跳ぶ練習をするようになったのです。

ちょうど吉川英治の『宮本武蔵』を読んでいた頃でもありました。その中に、麻の胚子（たね）を地面に撒（ま）いて、毎日毎日麻の芽を跳ぶのが修行だ、という話がありました。麻は成長が非常に速いので、ちょっとでも怠けると跳び越えられなくなる、と。それを真似して私はオクラの種を撒いて毎日跳び越えていました。オクラも成長が速くて二メートルぐらいまで伸びるのです。数日で一〇センチも伸びるので、すぐに跳躍が間に合わなくなるのですが、それでも、毎日、朝に晩にと跳んでいたおかげで垂直跳びは学年で一番になりました。

一七〇センチほどという当時の私の身長で、バスケットボールのゴールリングをバンと叩けたのですから、学年で断トツの一位でした。いわゆるダンクシュートは、身長が二メートル近くある人たちがやるものですが、私のように身長一七〇センチでリングを叩くには九〇センチほど跳ばなければできません。いちばん熱心に練習をしていた頃には、その場から、普通の乗用車の屋根ぐらいの高さまで跳び上がることができていました。

跳び上がりの練習を強化する方法として、高い所から飛び降りる訓練もよくやっていました。当時、家の周りに広がっていた野山が切り崩され、あちこち高低差のある場所があったので、高い所から跳び下りる練習をするにはちょうどよかったのです。

あの頃の飛び降りの最高記録は、六メートルほどの高さだったと思います。これはだいたい二階の屋根ぐらいの高さです。半分の三メートルぐらいであればなんてことないのですが、六メートルあるとさすがに勇気がいります。怖さをこらえてジャンプをすると、今度は滞空時間が長くて、どうしても重い頭が下になろうとして重心がふらつきそうになる。なんとか姿勢を保って着地するのは大変でした。

そうやって何かにとりつかれたような熱心さで跳ぶ練習を重ねて、ずいぶん跳べるようになると、垂直跳びだけではなく、以前よりもさまざまな面で動けるようになり、反射的な動きもよくなっていきました。たとえば、ダーッと走って三メートルぐらいある金網のフェンスを一気に登って反対側に跳び下りるという競争は誰とやっても私がいちばん速く越えられました。

このぐらい身体が動くようになってくると、気持ちの面でも多少の自信が持てるようになったように思います。本格的に合気道を始めようと思った二二歳のときには、尻込みすることなく、合気会の本部道場の門を叩くことができました。これは身体の動きが変わり、そこから心の面でも変化があったからだと思います。

よく「必要は発明の母」と言いますが、自分が強い関心を持って何かをやりたいと思えば、やっぱりできるようになるものです。まさに、夢中になってやっているうちに「いつの間にかできている」のです。

思えば、体育や運動に限らず、物を作ることもそうでした。私は子どもの頃は本当に不器用で、図工のときなどに器用に自分が作りたい物を作っている友だちを見てはうらやましく思っていたものです。ところが、鍛冶屋の仕事を見ているうちに自分でもやりたくなり、なんとか見よう見まねでやっているうちに、鍛冶仕事を教わった鍛冶屋の親方の助手で鶴嘴の先を再び使えるように鍛ち直せるぐらいになりました。鉄を思った形にできるなら木の工作はもっと簡単だろうと思えるようになり、おかげでいろいろ作れるようになり、刀の柄や鞘などを自作できるようになりました。二〇歳を過ぎてからのことです。

不器用だろうと、なんだろうと、まずは自分が興味のあること、関心のあることをとことんやってみるとよいのではないでしょうか。そうすると自ずと人生は切り拓かれていくような気がします。

表に出ない真実に触れ、人生が大きく動きだした

これまでを振り返ったときに、私がいちばん大きく変わった、それも短期間で大きく変わったのは、すでに何度か述べましたが大学二年生のときの農場実習後です。

畜産科で学ぶ中で実習に行く前から、畜産業というものは自分が想像していたような牧歌的でのどかなものとはほど遠い、ただひたすら「いかに効率よく家畜・家禽から搾取するか」しか考えていないもののようだということには気づいていました。

最近ではアニマルウェルフェア（動物福祉）という概念も生まれてきて、たとえ食用として飼育されるにしても、生きている間は生き物として快適な暮らしをさせるべきだという考えから、飼育環境を見直す動きも一部では出てきていますが、当時はそうした取り組みは皆無でした。

たとえば、経費削減のために鶏に鶏の羽や糞を加工して、餌として食べさせようという研究までしていました。後に大きな問題となりましたが、牛にクズ肉や骨を粉にして食べさせていたことで狂牛病が流行したりしました。これらは効率性を追求した結果です。経

済効率を高めるために共食いのようなことを平気でさせる。しかも、草食動物である牛にです。それが当時の畜産業の実態でした。人としての感性や動物の自然な生理よりもとにかく経済効率を最優先するという風潮は、今でもそう変わってはいないと思います。

そして、前述したように大学時代の農場実習で、現代の畜産の血も涙もない実情に触れてショックを受け、それが決定的となり、畜産の道をあきらめたのです。決して子どもに言えないような大量虐殺の上に経済成長があることは、世間にはほとんど報じられていませんでした。

その現実を目の当たりにした直後は、自分はこれから何をしたらいいのかわからず、深い霧の中に放り出されたような気持ちになったことを覚えています。

ただ、その体験は、私にとって、現代の農業や栄養学、医学の問題点について深く考えるきっかけを与えてくれました。それからは、小学生の頃にひどい人見知りだった名残がまだあった人間とはとても思えないほどの勢いで、そうした問題について学ぶためにさまざまな本を読み、さまざまな人に会いに行ったのです。

大学の先生の中にも話の通る先生が見つかったことも、なつかしい思い出の一つです。

その助教授は自分の授業を休講にして半日ほど私と話すためだけに時間をとってくださったのです。「君の若さで、そのことに気づいたら、もう大学ではやっていられないだろう」と愉快そうに言われました。食養生を研究され、当時の医学や栄養学に異を唱えられていた森下敬一先生などにも、この頃、話を聞きに行きました。大学の試験や就職のためではなく、「人が人としてどう生きたらいいのか」ということ、つまり本来人が行うべき学問をようやく始めたとも言えます。

すると、当たり前のように語られていることも決して真実とは限らないとわかってきました。たとえば、当時は何かというと「動物性たんぱく質を摂りなさい」と言われていた時代でしたが、歴史をさかのぼって調べてみれば、明治時代に来日した西洋人が、自分たちよりも小柄な日本人が大変な体力のあることに驚き、しかも食事の内容が飯と漬物程度であることを知ってさらに驚いた、といった記述を見つけました。また、今のように、腸内細菌の種類によって身につく栄養がまるで違うといったことまではわかっていませんでしたが、それでも、数々の事実を知るにつけ、「昔の日本人の体力が穀菜食でつくられていた事実に、なぜ栄養学は目を向けないのか！」と、一人憤慨していました。

そうなると私の探求心は留まるところを知らず、「なぜ人間はこんなにも問題のある農業や、実際とは違う栄養学などについて根本的に検討することもなく、学問と事実が違っていても、そのことに目を向けないのだろうか？」という疑問が大きくふくらんできて、興味や関心の範囲は、さらに広がっていきました。そうして、宗教や、もともと関心のあった禅や荘子などの本もさらに熱心に読むようになったのです。

そうして知識を得ると、今度は、農業や食、医療の問題についていろいろな人と議論をするようになり、その頃には、「これがあの内気で人見知りで、自分の考えなんてろくに持ってもいなかった甲野善紀なのだろうか……」と自分で自分のことを驚くほどに、大変貌を遂げていました。岩手の農場でオスのヒナが処分されている光景を見て衝撃を受けた約三か月後には、気づけば別人のようになっていたのです。

たとえば、当時は学生運動が盛んでしたが、彼らは政治批判はするものの、農業や食、医療といった根本的な問題にはほとんど触れていませんでした。ですから「彼らはもっと根本的な問題があるのに、そういうことが何もわかっていないなぁ。そもそもこの生活の仕方そのものがものすごく不自然で無理なことをしているのに、それに目を向けないで騒いでいても意味がない」と冷ややかな目で見ていました。

また、あの頃は原理研究会（旧統一教会の学生組織）の学生たちが駅前で黒板を立てて説明しながら街頭演説などをやっていましたので、「それはどういうことなんですか？」などと自分から話しかけて、四時間でも五時間でも議論していました。相手も、最初は私を説得して入信させようと思って張り切るのですが、「つまり、それはどういうことですか？」「でもそれは本質的なことではありませんよね。それよりももっと根本的なことがあるでしょう？」なんてやっているうちに、向こうのほうがお手上げ状態になってきて、「もう帰りますから」と、黒板を畳み帰り支度を始めるのです。彼らと徹底討論したおかげで、議論をする能力など、まるでなかった私もずいぶん鍛えられました。

そうこうするうちに私の心の中に大きく広がっていった疑問が、「人間の運命は果たして決まっているのか、いないのか」ということでした。

「人間の運命など決まっているはずがない。自分で力強く切り拓くべきだ」という考え方は今も昔もよく言われますが、さまざまな人に会い、また多くの書物を読んでいるうちに、「とてもそうは言えないだろう」という気持ちが心の中に育ってきたのです。

そこでさらに量子論などの本も、もちろん入門書レベルのものでしたが読むようになったところ、出合ったのが「光は波でもあるが粒子でもある」というアインシュタインの光量子説でした。この、自然界には矛盾しているように見える二重性があるということと、当時読んでいた禅書『無門関』の第二則「百丈野狐（やこ）」の話がすっと自然に重なり、それによって「このことは、生涯変わらないだろう」という私の人生で最も大きな気づきの「人間の運命は完璧に決まっていて同時に完璧に自由である」を確信したのです。

ここで、百丈野狐とはどんな話なのか、少し説明しましょう。

百丈懐海（えかい）という禅僧が説法をした後、一人の老人が残っているので、話しかけるとその老人が、

「じつは私は人間ではありません。ずっと昔、この山で住職をしておりましたが、あるとき一人の修行者から『本当に深く修行して悟りを得た人でも因果の法則の支配に落ちるのでしょうか』と尋ねられたので、私は『因果に落ちない（つまり因果の法則からも自由になれる）』と答えました。しかし、その答えが間違っていたようで、私は野狐に生まれ変わってしまい、以来、五百回生まれ変わってもまだ野狐から脱することができません。どうかお願いですから、これから行う私の質問に答えて、私の迷いを転じて見性（けんしょう） 悟りへと導いて、この浅ましい野狐から抜け出させていただきたいのです」

と頼んできました。

この最後の百丈禅師への依頼は原文では「今請う和尚一転語を代わって、貴ぶらくは野狐を脱せしめよ」と書かれています。

一転語とは、たった一言で迷いを転じて悟りに導く言葉のことです。そして、その老人は改めて、百丈禅師に「本当に深く修行して悟った人は因果の支配に落ちるのでしょうか、落ちないのでしょうか」と尋ねました。

すると百丈禅師は「因果を味ますことはできないものだ」と答え、それによって老人はたちまち悟りを開き、野狐の身から脱した、という話です。

『無門関』を編んだ無門和尚は、この話について「因果に落ちないというのも、因果の法則を味ますことができないというのも、どちらも丁度、丁半の賽の目が同時に出たようなもので、どちらかに限定することは『千錯万錯』つまりすべて誤りなのだ」と解説していました。これを読んだとき、私はこのことと、「光は波でもあり粒子でもある」という二重性が結びついて、「ああ、これが、私が求めていた答えだ」という確信を得たのです。

つまり、「人間の運命は完璧に決まっている」のと同時に、「完璧に自由でもある」ということが一枚の紙の裏表のような関係になっていて、「自分の人生のシナリオはすでに書かれているので何も心配はいらない」ということと、「どうにでも書ける」という解放感が一つなのだということを、本当に確信したのです。

この気づきを得たときに、私は「自分が生きていく上で最も重要なことに気がついた」という確信が持てたわけですが、同時に「このことに気づいたからには、これからの私の人生は、このことを体感的にも納得できるところまで持っていくことを人生の目標にしよう」と決めました。そして、その方法として武術を選んだのです。

なぜなら「運命はどうせ決まっている」というふうにいくら思い込んでいたとしても、もし殴られそうになったり、襲われたりしたら、人間は咄嗟になんとかそれに対応しようとするでしょう。避けたり、反撃したりするはずです。武術は常にそうした切実な状況を背負っているので、その切実な状況下であれば、「運命は決まっていて自由である」という矛盾する二つのことの同時性について、言葉にはならないと思いますが、それこそ禅でいう見性のような実感が得られるのではないかと考えたのです。

そしてその確信が本当に体感レベルまで得られれば、この先、どんな困難が待ち受けていようと、それは俳優が自分に与えられた役を、そのシナリオに沿って演じていくのと同じように、「自分はどうなるか」など余計な心配はせずに生きていける。そして同時に「自分の好きなように行動するということが、そのシナリオそのものでもあるのだ」ということになるだろうと思ったのです。

長々とした説明になりましたが、大学時代の農場実習で畜産業界の裏を大変な衝撃をもって目撃したことをきっかけに、自分自身がまるで別人のように変わり、そして生涯のテーマを得ることができました。今振り返ると、あの東北の農場で目撃したことは人生のターニングポイントとなった出来事であり、私の人生のシナリオにおいて欠かせない出来事だったのだと思います。

第五章
未来で活躍する逸材になるために育んでおきたい五つのこと

未来を切り拓く子どもたちに託した願い

私たち人間は便利な生活を求めて文明を築いてきた結果、環境に大きな負荷をかけるようになりました。その最たるものが、原発とプラスチックでしょう。

原発が初めてできたのは、私が小学生の頃でした。当時は「原子の火を平和利用できることは素晴らしい」と、日本中がお祭り騒ぎをしていました。小学校でも理科の先生が、いかに原子力の平和利用は素晴らしいか、と語っていたことを覚えています。発電に伴って必ず出る放射性廃棄物をどう処分するのかという問題が取りざたされ、「トイレなきマンション」などと言われるようになったのは、操業開始から何年も経った後のことでした。

原発もプラスチックもなかった一〇〇年ほど前には、ゴミもほとんどが自然に還っていたのです。ところが、今は、原発やプラスチックをはじめ、そのまま放っておいては自然に戻らない、人間が介在しなければ自然状態を維持することのできないもので取り囲まれた世の中になってしまっています。

思えば、その文明発達の発端は鉄だったと思います。鉄鉱石や砂鉄から還元した鉄を利用することを発明した人間は環境まで変えられるようになり、劇的に生活が変わっていきました。

それまでは、石器から青銅や銅の道具に変わったといっても、鉄に比べればその硬度や強度はずっと弱いものでしたが、鉄の刃物としての切れ味や丈夫さは桁違いです。作業効率もはるかに上がりました。それによって文明は大きく進歩したと思います。

ただ鉄は、プラスチックなどとは違い、放置されれば錆びて、また自然界に多くある酸化鉄に戻っていきますから、環境に負荷をかけることはほとんどないと思います。その点、原発やプラスチックはそういうわけにはいきませんからやっかいです。

しかしながら、そうは言っても、原発もプラスチックもない世の中に戻ることはもうできません。「パンドラの箱」を開けてしまった以上、自分たちでなんとか片づけ続けなければなりません。そうしなければ、地球はどんどんひどい状態になっていきます。

原発の廃棄物にプラスチックの海洋汚染、あるいは農薬の問題など深刻な問題が山積みで、なおかつ、ここ数年の感染症騒ぎやロシアとウクライナの戦争、近い将来発生するといわれている南海トラフ地震など、これから先、いったいどういうことになるのか、ますます混乱が広がりそうな世の中です。しかし、私たちはこの時代にこの星に生まれてきてしまった以上、この時代を生きていくしかありません。私などはもう持ち時間が少なくなってきていますが、今の子どもたちは、この混迷の時代をまだまだ生き続けることになりますから、山積された負の遺産への対処も、これからの子どもたちが担っていくことになります。そのためには、本当に頭の柔らかい才能のある子どもたちがしっかりと育っていくことが何よりも必要だと思います。本章では、「こういう若い人たちにこれからの時代を切り拓いていってほしい」という私なりの願いを述べてゆきたいと思います。

そして、未来に活躍する逸材を育てるために、周囲が心得ていてほしいことをいくつか挙げたいと思います。

一、人としての矜持を持つこと

名ばかりの「サムライ」では意味がない

「あなたの若い日に、あなたの造り主を覚えよ。悪しき日がきたり、年が寄って、『わたしにはなんの楽しみもない』と言うようにならない前に」

（伝道の書 12：1－14 JA1955）

これは聖書の「伝道の書」の一節です。私は日頃から聖書を読むような人間ではありませんが、この一節だけは、若いときに出合い、感じ入って、深く心に刻まれました。「造り主」という言葉を「人間が生きているとはどういうことか？」という問いに置き換えてみれば、

「若いときにこそ『人間が生きているとはどういうことか？』を心に留め、本気で考えなさい。苦しい試練の日々がまだ来ないうちに。そうでないと、さまざまなことに遭遇し、打ちのめされ、私にはもう何の楽しみも喜びもないなどと言うようになってしまうので」

というようなことでしょうか。

こう置き換えると、教義や教派に関係なく、すべての人々への普遍的な問いかけになると思います。若いときにこうした本質的な問いかけを真剣に行い、自分がこれからどのように生きていくのか、自分の心の内で絶えず掘り下げ続けることが大切だと思うのです。

最近は、サッカーのワールドカップがあり、日本代表チームのことを「サムライブルー」などと呼び、「選ばれし侍たちが……」といったフレーズをよくマスコミは使いたがります。

ですが、私はそうしたフレーズを聞くたびに、「なんだかなあ……」と複雑な心境になります。「侍」という言葉を使うなら、単なるキャッチフレーズのように使うだけではなく、もっと覚悟を持った生き方を示してほしいと思うのです。そしてそのことは日本代表に対してだけではなく、そういう言葉を使おうとする人たち全員に言いたいと思います。

現代では、侍のように命懸けで「このことは大切だ」とする思想や考え方を守ろうということもなければ、今回の感染症騒ぎで自分の命を守るために子どもたちの成長や若い人たちの生活は二の次で、ちっとも覚悟を持った生き方ができていない高齢者が少なからずいることが露呈し、その醜悪(しゅうあく)さ、いい加減さになんとも言えない気持ちになりました。

昔の侍（武士）が、もちろん全員ではありませんが、いかに覚悟を持って生きていたかということは、第二章でも書きました。

しかしながら、今は覚悟という言葉がもはや死語になりつつあります。なかには、「覚悟などということが必要のない、平和な世の中をつくることのほうが大事」との意見もあるほどです。実際、そういう世の中の実現に向かって社会は動き、そのように教育も行われてきたのだと思います。

その結果、何か問題があっても、とにかく波風を立てないように振る舞い、「見て見ぬふり」という最も安易で、なんら問題の本質は解決しない選択をする人間を大勢つくってきたのではないでしょうか。

漫画やアニメの主人公からも「いかに生きるのか」は学べる

今の子どもたちに、昔の侍ほどの生きる覚悟を求めることは現実的に難しいでしょう。ですが、何かのきっかけで、覚悟を持って生きている人の姿を見て「こういう生き方はかっこいいな」と胸打たれれば、もっと真剣に「いかに生きるか」を考えるようになるのではないでしょうか。

その対象は身近な人でなくても、たとえばドキュメンタリーや歴史上の人物でもいいでしょうし、もっと言えば生身の人間でなくてもいいのです。少し前に『鬼滅の刃（やいば）』という漫画が、アニメ化も映画化もされ、大ヒットしました。これは、家族を鬼に殺され、生き残った妹も鬼に変えられてしまった主人公の少年が、妹を人間に戻すために鬼に立ち向かっていくという物語でした。

『鬼滅の刃』に限らず、家族や仲間のために命懸けで戦うことは、漫画やアニメ、映画では定番のテーマでしょう。なおかつ、『鬼滅の刃』が人々の心を捉えたように、そのような物語に心打たれる人が多くいるということは、現代でも少なくない人の中に、覚悟を持って生きる姿を「かっこいい」と思い、憧れる心があるということだと思います。

漫画やアニメ、映画などをただの物語、ただの娯楽として楽しむだけではなく、その物語に心打たれたときには、自分自身の生き方と照らし合わせてみると、「いかに生きるか」ということにもっと真剣になれるきっかけになるのではないでしょうか。


また、人間はこれまでいったい何をやってきて、どういう歴史を持ち、これからどうしたらいいのかという大きな視点で、そのことについてよく考えることも大事なことでしょう。子どものうちにはなかなかそうした視点は持ちにくいでしょうけれど、対話をすることが手助けになるように思います。

世の中で常識とされていることの中にも、おかしいことは山ほどあります。身の回りの「おかしいこと」をそのままにせず、親子の対話の材料としてみてはいかがでしょうか。それこそ今回の感染症騒ぎにおいても、「学校でもマスクをつけなければいけないことをどう思うか?」「マスクは幼い子どもが言葉を覚えたり、感情表現を身につけたりする上で障害になってはいないのか?」「家族が入院してもお見舞いにも行けない。人間らしい生活というのはどういうことだと思うか?」などと、親が子に問いかけてみるわけです。「先生がこう言っているから」「テレビではこう言われているから」ということはいったん措いて、物事の根本を自分の頭で考える機会を持つことが大事だと思います。

私自身は、長男の陽紀が中学生の頃には、「なんで戦争がなくならないのか」といった話をときにしていました。「戦争はよくない」とされる一方で、「国を守ることはいいことだ」と言われます。一見すると、どちらもごく真っ当な意見です。では、もしも他国から攻撃を受けたときにはどうするのか、国を守るために相手国を攻撃するのか、それは即ち戦争だが認められるのか――。

つまり、「戦争はよくない」ということも「国を守ることはいいことだ」ということも多くの人が肯定することだと思いますが、じつは矛盾をはらんでいるわけです。世の中にはそうした矛盾をはらんだ問題が多々あるので、そうしたことをどう考えるのか、「私はこう考えるよ」ということをときに話して聞かせていました。それに対して陽紀がどう感じていたのかは本人に聞いてみなければわかりませんが、自分の頭で考えるきっかけにはなったのではないでしょうか。

覚悟を持って生きるとはつまり、「いかに生きるのか」という確固たる芯を持つことです。

それは一朝一夕でできるものではなく、子どもから大人へと成長する過程でいつの間にか身についていくものでしょう。そういうものが心の内でちゃんと育っていくよう、漫画やアニメをきっかけにしたり、あるいは世の中のおかしさや矛盾への気づきをきっかけにしたりしながら自分の頭でよく考えるような環境をつくっていくことは大切だと思います。

二、探求心

金メダル自体に執着しないほうがかっこいい

私が大学二年生のときに農場での実習を機にわずか三か月で別人のように変わったことや、星山海琳さんがたったの二か月半で小学校三年生ぐらいの学力から高校二年生までの勉強を一気にマスターしたことなど、いずれも突き動かす原動力となったのは、「事実を知りたい」という強い探求心だったのだと思います。

私の場合には大学の農場実習で衝撃的な現場を目撃したことが、「人間が生きるとはどういうことなのか」「人間にとっての自然とはどういうことか」、そして「これから自分はどうやって生きていったらいいのか」という大きな課題と向き合う原動力となって猛然と調べ始め、それが結果として「勉強」になりました。私は、この「強い興味」と「探求心」は、人間が持っている力の中でも、非常に強力なものだと思います。これさえあれば、知識や技術、体力といったことはなんとかなるものだと思うからです。

世の中の常識や道徳といった社会的な制約とは無関係に、その人の本質に結びついているのが興味であり、それを追い求めるのが探求心です。「自分が生きているというのはどういうことなんだろう」という問いは、誰にとっても大きな課題であり、興味の対象でしょう。ところが、多くの人は、目先の見栄といったことに気を取られて、「生きる」ことに向けた探求心を曇らせてしまっています。

わかりやすい例を挙げるなら、オリンピックに出て勝つこと、金メダルを獲ることよりも、オリンピックという場で他の人と真剣に技を競い合えたことに深く感動できるか。金メダルを獲りたい、勝ちたい、失敗したくないというのは、見栄であったり、できたことを称賛されたいという他者の存在を必要とする承認欲求の面があります。つまり、自分の中で育んだ価値観ではなく、他人の評価が基準なのです。

そうではなく、「勝つことでなく、参加することに意義がある」というオリンピック精神を、建前や、やせ我慢ではなく、「ああ、そうだ」と心から思え、そうあることにいちばんの感動と興味を持てるようになった人は、本質的にものすごく幸せなのだと思います。
昔、西行法師が源頼朝に招かれたときに、弓馬について話し、そのお礼に銀でつくられた猫をもらうと、門の外に出るやいなや、通りで遊んでいた子どもにサッとあげてしまった、という有名な話があります。その当時、天皇以上の権威であった頼朝から特別にもらった銀の猫ですから、他人からうらやましがられるようなものです。ところがそれをサッと子どもにあげてしまったわけです。

オリンピックのメダリストの中にも、金メダルを獲ったあと「これ、やるよ」と言って子どもにあげてしまうような、そんな人が出てきたら、本当に人としてかっこいいと思います。つまりは、金メダルが欲しくてやってきたわけではないんだ、オリンピックという四年に一度の大会で競い合うことができたこと自体に深い喜びを得られたからそれで十分で、金メダルなんて別にいいんだ、と。

人間にとって本当に価値のある手応えは何か

そうした人物として思い出されるのが、私が依頼されて帯文を書いた書籍、『超人の秘密』（サブタイトルが「エクストリームスポーツとフロー体験」、スティーヴン・コトラー著、熊谷玲美訳、早川書房、二〇一五年刊）で紹介されていたカヤッカーのダグ・アモンズ氏の話です。

カヤックの中でも、ホワイトウォーター・カヤッキングと呼ばれるのは流れが白く見えるほどの激流の中、川を下っていくというもので、カナダのブリティッシュコロンビア州にあるスティキーン川は、「カヤッキングのエベレスト」と呼ばれるほど、最難関の渓流として知られています。約一〇〇キロメートルの間に難所が何百か所もあり、その中にはミリオン・ダラー・ホールと呼ばれる、一〇〇万ドルをもらってもほとんどのカヤッカーはそこを通りたくないという超難所があるのです。

最初に挑んだカヤッカーは、ヘリコプター二台のサポートをつけて挑戦したものの、怖くて最後までできなかったと言います。その後、何人かのカヤッカーが成功したものの、失敗して二度と川下りができなくなったベテランのカヤッカーもいました。

そんなスティキーン川を、ベテランカヤッカーの一人であるダグ・アモンズ氏は、誰のサポートもなしに一人で下りたいと考えたのです。通常は、いざというときの救助のためにヘリのサポートをつけて行います。それを、誰の助けも当てにせず、一人で下るなんて、誰かに相談すれば「そんなことは自殺行為だ」と確実に反対されるでしょう。そのため、彼は、人知れず挑戦して成功するのです。

しかも、そのことを成し遂げた後も、夫人と二人の親友以外には誰にも話さず、スティーヴン・コトラー氏がインタビューするまで、一八年間ずっと黙っていたといいます。それは、「素晴らしい！　勝ちましたね！　金メダル、おめでとうございます！」どころの感動ではなかったからでしょう。その真価がわかっていない人物に「すごいですね、素晴らしい」と軽々しく言ってほしくないと思うほどの深い、深い感動があったのだと思います。そういう感動が得られるような生き方をぜひとも目指してほしいのです。

アモンズ氏はインタビューで「アドベンチャースポーツは、現代の道（タオ）を生み出します。それによって、この日常の世界を作り出した力そのものの一部になれるのです」と言っています。つまり、彼がスティキーン川を命をかけても下ってみたいと思ったのは、名声を欲したからではなく、この凄まじく難度の高い川の水の一滴に自分がなりきり、これと一体化したいという、求道者が道との一体化を求めるような強い思いがあったからなのでしょう。

他人の評価を軸にしない

人間にとって本当に価値のある手応えは何かというと、自分の内側から湧き起こる深い感動が得られるかどうかであって、人に決めてもらう感動ではありません。今は、成功するかどうか、他人から評価されるかどうかが軸になっている人が多いように思いますが、それでは本当に価値のある感動は得られないと思います。

たとえば、博物学や植物学、民俗学などの分野で活躍した南方熊楠（みなかたくまぐす）という人は、今でこそ、その業績が再評価されていますが、生涯、どこの研究機関にも所属せずに研究活動を続けた変わり者でした。なおかつ、熊楠が惚れ込み、生涯にわたって採取を続けたのが「粘菌」です。アメーバのように動き回ったり、キノコのような形になって胞子を飛ばしたりする、不思議な生物にどうしようもなく惹かれたようで、数多くの標本を残しています。

熊楠が粘菌に興味を持ったのは、動物とも植物ともいえない、その小さな生命体に、静と動、生と死が表裏一体になっていることを感じ、そこに宇宙の働きの不思議さを見出したからのようです。

地位や名誉といった他人の評価には一切関心がなく、変わり者と思われようと、ただひたすらに自分自身の興味・関心に基づいて研究を続けていた。その姿勢が今になって評価されていますが、やはりまずは強い興味・関心があるということが何より重要で、興味に突き動かされてやっていたら評価を得るようになった、という順番なのだと思います。

そして、「他者にどう見られるか」ということより、自分の興味・関心を貫くことができたのは、やはり自分の価値観というものがしっかりあったからでしょう。「一」の「人としての矜持（きょうじ）を持つ」ということにもつながってきますが、自分の中で確かな価値観を育んでいるかどうかが、結局はいちばん大事なことだと思います。それは親にも教えられませんし、教師にも教えられません。本人が自分で育んでいくしかないのです。

三、危機への対応力

最低限のサバイバル術を身につけておく

体育で物づくりも教えたほうがいいと思うのは、身体の使い方だけではなく、物事を解明したり段取りを学んだりすることにも役に立つからですが、実際の危機への対応力も養われます。これから、日本全国どこにいても地震などの災害がいつ起こるかわかりません。そうしたときに、足手まといになるだけで何もできない人間ばかりでは大変に困ります。

すでに書いたように、一〇代半ばぐらいまでには、たとえ電気・ガス・水道などのライフラインが止まっても、とりあえず自分の寝る所を確保して、最低限の生活が整えられるぐらいの生活技術を身につけておいてほしいと思います。

そのためには、鉈などの刃物の使い方、縄の結び方、火の起こし方などを身につけておく必要があるでしょう。鉈で薪を割ったり、適当な柱を切って縄で結び、簡易的な寝床をつくったりできるようにしておく。そのためにも、最低限刃物で鉛筆ぐらいはきれいに削れるようになっておく。最近では美大生でさえ、鉛筆削りが下手になっています。

縄の結び方については、揺れたりしても緩みにくい結び方や丸い物の縛り方、ある程度しっかりはしているがすぐに解けて作業効率を上げる縛り方など、用途ごとにさまざまな便利な結び方がインターネットでも紹介されています。そうした情報を参考にしながら、実際に試してみるといいでしょう。火の起こし方については第三章で紹介した「きりもみ式」のように、マッチやライターがなくても火を起こせる方法を身につけておく。

こうした術は、一回習ったぐらいでは身につきません。いざというときにパッとできるように、イベントやキャンプなど、何かの折に触れて、実際にやってみる機会を設けることが大事です。

最近キャンプが流行ってはいますが、人気があるのは、どうやらグランピングなどといって至れり尽くせりのキャンプのようです。まあ、そういうキャンプもあっていいとは思いますが、せっかく野外で寝起きするのですから、何もない所にテントを張って生活をする、完全に非日常を味わえるものから、いろいろな段階のキャンプが用意されているとよいのではないでしょうか。

泊まる所はホテルのようでも、刃物を使って木を切ったり、その木を燃やして料理をしたり、木を縄で結んで何かを作ったり、火を起こしたりといったことを楽しみながら体験できる所があってもよいと思います。

私も、もう二〇年ほど前になりますが、四国の山奥の誰もいない所で五日間ほど過ごしたことがあります。そのときには泊まる場所は知人に世話してもらった別荘だったので、寝る所を作る必要もなく、風呂もあったのですが、一人きりでのんびりした時間が送れると思いきや、とてものんびりはしていられませんでした。風呂を焚くための薪を用意したり、火を燃やして持参した食べものを料理したり、生活を築くための準備をしているとあっという間に日が暮れるのです。夜中には、ムササビか何かが屋根にバターンと飛んできたりして、なかなか普段は味わえない貴重な体験でした。

最近では生活が便利になった分、こうした基本的な能力がどんどん低下していますが、手が利けば、自ずといろいろなアイデアも浮かぶようになります。そういう意味でも刃物や縄といった単純な道具を使えるようになっておくことは重要だと思います。

　また、野山で駆け回ったり、虫や植物を観察したり、外で遊ぶことも大切です。これも第一章ですでに書いたように、自然の中では想定外のことが起きますから、体力や運動能力だけではなく、危機対応力も自ずと養われます。

　少し前にも、あるイベントに招かれ、養老孟司先生とご一緒したのですが、その際も、すでに紹介した養老先生の持論である「子どもたちを教室という狭い空間に閉じ込めておくというあり方自体が、虐待に近い」という趣旨のことをおっしゃっていました。現代の子どもたちは、昔のように外で遊び回ることが激減しているからこそ、子どもたちを長時間狭い空間に閉じ込めて、頭だけの勉強に向かわせようとすることの弊害が昔よりも深刻になっている、ということだと思います。

　二〇年以上前に、養老先生との対談形式の共著として出した本のタイトルが『自分の頭と身体で考える』でした。最近、この大切さを改めて実感しています。自分の頭だけではなく、身体も使って考えられる人が増えることを願っています。

身を守る技を身につける：「転び方」の要点

さて、危機への対応力として、身を守る技をいくつか紹介しておきましょう。

まず、一つ目が受け身です。二足歩行をするようになった人間にとっていちばん身近な危機は転倒ですから、何よりも先に転んだときに怪我をしないような転び方を身につけておくべき、ということはすでに述べました。転ばないようにといくら気をつけても立って歩く存在である以上、「まったく転んだことがない」人はまずいないでしょう。

ここでは、後ろ向きに転んだときに身を守るための受け身のとり方を説明しておきます。躓いて前に倒れるときよりも、足を滑らせたり押されたりして後ろ向きに倒れるときのほうが、後頭部や脊髄といった急所を打ってしまう危険性が高く、より危険だからです。

立った姿勢のままバタンと倒れれば、それこそ頭や背中を強く打ちます。急所を守るには、倒れるときになるべく顎を引いて背中を丸め「コロン！」と転がるようにすることが肝心です。背中が床に着くときにおなかを見るようにすると自然と顎が引けます（図1参照）。

玉が転がるように、コロンと身体を丸めて転がれば、身体を面で打ちつけるようにせず、身体全体で力を吸収することになりますから、より衝撃が少なくて済みます。

稽古をするときには、しゃがんだ姿勢から身体を丸めるようにして後ろに倒れ込むといいでしょう。このときに、目でおなかを見るようにすると、自然と顎を引けて後頭部を打ちつける危険度が減ります。

そして、立っているときに足の下に敷いた敷き物をサッと引っ張られて、足を払われたような状態になっても、咄嗟にパッと受け身を取れるぐらいになれば、一応「受け身」が身についたと言えるでしょう。私は子どもたちにペアになって一人が座布団の上に立ち、もう一人がその座布団を引っ張って取ろうとする遊びで練習させたりします。

このとき、相手に正面から敷き物を引っ張られれば後ろに倒れますから、後ろに転がる受け身の練習になります。逆に後ろから引っ張られれば前のめりになりますから、前回りに受けを取るか、側面に受けを取るか、ぎりぎり顔を守って前腕を八の字にしてうつ伏せ

顎を引いておなかを見ると、背中が丸くなる。この形は転倒時の衝撃を和らげ、後頭部を打たない。

図1　受け身（後方への転倒時）

で受けを取るか、といった方法があります。

ちなみに、いちばん難しいのは横側からを引っ張られるパターンです。横に引っ張られると左右の足で引っ張られるタイミングに時間差が出るので、咄嗟の対応が難しいのです。人間というのは前後には瞬時に動けても、横向きにはサッとは動きづらいのですが、横向きに倒れながら、瞬時に身体を前後方向に転換させて対応するなど、やり方はいくつかあります。

私は、難しいからこそ、できないことを楽しんでほしいと思っています。できないからこそ、引っ張られるほうも引っ張るほうも、「こういう場合はどうすればいいんだろう」と考え、あれこれ試してみるわけです。現実に足元をすくわれて転びそうになったときに、どう対応するかを日頃から「身体で」考えておく習慣を身につけていただきたいと思います。

ただ、こうした訓練は不慣れな者にとっては危険なことですから、指導者は倒れたときに最初はクッションの利いたマットを設置するなど十分な注意が必要です。ただし、危険だからといって、こうした訓練を避けていては危機への対応力が身につきません。そのあたりのことをよく理解して行っていただきたいと思います。

身を守る技を身につける：「三脈」で危険を予知する

危機を回避する術として私がよくいろいろな講座でも紹介しているのが「三脈探知法」です。生き物には自分が危機に遭うことを予知する能力がなぜかあるようで、たとえば船が沈没するときには、その船にいたはずのネズミがいなくなると昔からいわれます。ネズミがどうやって危険を察知しているのかはわかりませんが、生き物としての直感で沈没する前に察知して逃げ出しているのでしょう。

同じように人間にも危険を察知する能力が身体に備わっていて、命に関わるような危機が迫っているときには脈が不揃いになる、と昔からいわれています。そのずれを確かめる方法が「三脈探知法」で、おかげで命が助かったという例が少なからずあります。

これは「三脈の法」「吟味」などとも呼ばれ、修験者や一部の武術家の間に伝わっていたもので、左右の頸動脈と手首の動脈という三つの脈を同時に押さえて、それらがずれていないかを確かめるというものです（図2参照）。

まず、左手の親指と人差し指で喉の横を通っている左右の頸動脈を押さえ、脈拍を感じたら、左手はそのままに、右手の手のひらを左手の甲側に重ねるようにして、右手の中指で左手の手首の脈を押さえます。そうしたときに、ふだんは同時に打っている三か所の脈がもしもずれていたら、それは身体が危険を察知しているのです。

したがって、ある場所にいて三脈が乱れていたら、早くその場を去ったほうがよく、その場を出て右に行っても三脈が乱れたままであれば、右ではなく、逆の方向に行ってみるなどして、脈の鎮まる方向に避難していくのです。

危険を察知するとなぜ脈が乱れるのか、そもそもなぜ身体が危険を察知できるのか、今の科学では解明されていませんが、三脈の乱れに気づいて命拾いしたという話は今も昔もたびたび耳にします。私もこれまでに三度ほど脈のずれに気づいたことがありますが、なんとも言えない、嫌な落ち着かない気持ちになりました。

なんとなく嫌な予感がするときや、ある場所に

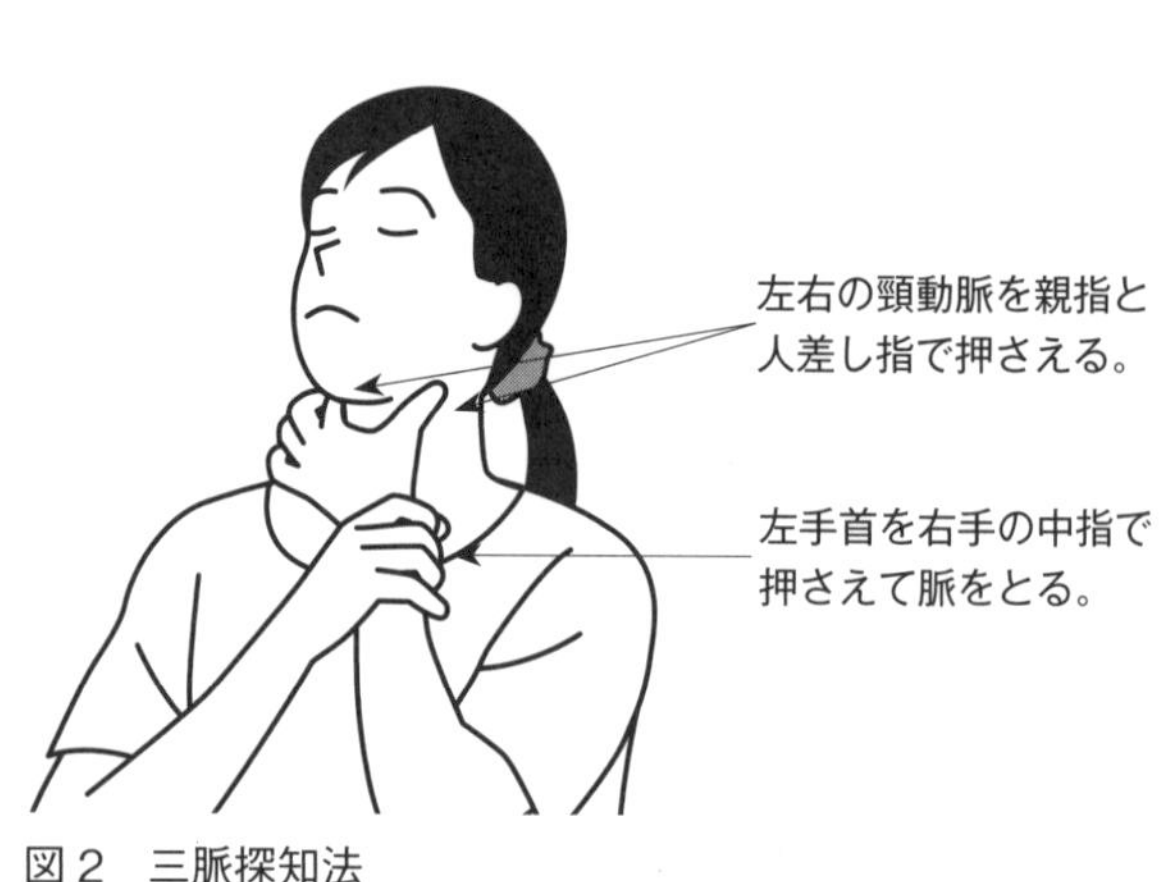
左右の頸動脈を親指と
人差し指で押さえる。
左手首を右手の中指で
押さえて脈をとる。

図２　三脈探知法

「行くかどうか」、また、台風などで「この場所にいていいかどうか」の判断を迷ったときには、三脈をとってみることをおすすめします。ただの勘に頼って行動するよりは、よほど確かな判断材料になると思います。

身を守る技を身につける：心を鎮める手の形を覚える

また、身体の操作によって心を整える方法も知っておくといいでしょう。

危機に直面すると、人間は恐怖を感じるものですが、このときには身体も恐怖を感じています。どういうことかというと、何かを恐れたり不安を感じたりするときには必ず横隔膜が縮み上がるのです。横隔膜が縮み上がることで、「怖い」といった感情が湧き起こってきます。

逆に言えば、横隔膜が縮み上がらないようにすると、「怖い」といった感情は起こりません。目の前に起こっている出来事を、ただ「ああ、目の前で起こっているな」と捉えるだけで、怖さや不安は感じられなくなるのです。

たとえば、目の前に刀を顔に向かって振り下ろされれば、ほとんどの人は咄嗟に、怖さで思わず目をつぶったり、後ろにのけ反ったりするでしょう。ところが、横隔膜が縮み上がらないように身体を持っていくと、「ああ、刀が振り下ろされてきたな」と、どこか他人事のように目の前に起こっていることを見ることができ、顔の前まで刀が振り下ろされても、「怖い」という感情は湧き起こらないのです。

では、横隔膜の反応をどうやって抑えるのかというと、手指の形を変えることで抑えることができます。まず、両手の手のひらの中央をくぼませ、両手とも、親指、人差し指、小指の三本の指先を丸く寄せ、蕾（つぼみ）のような形にします。そして、両手の薬指同士を絡ませて、手の甲側へ互いに押し合うようにして、肩を下げます。そうすると、横隔膜は縮み上がらないのです。この手指

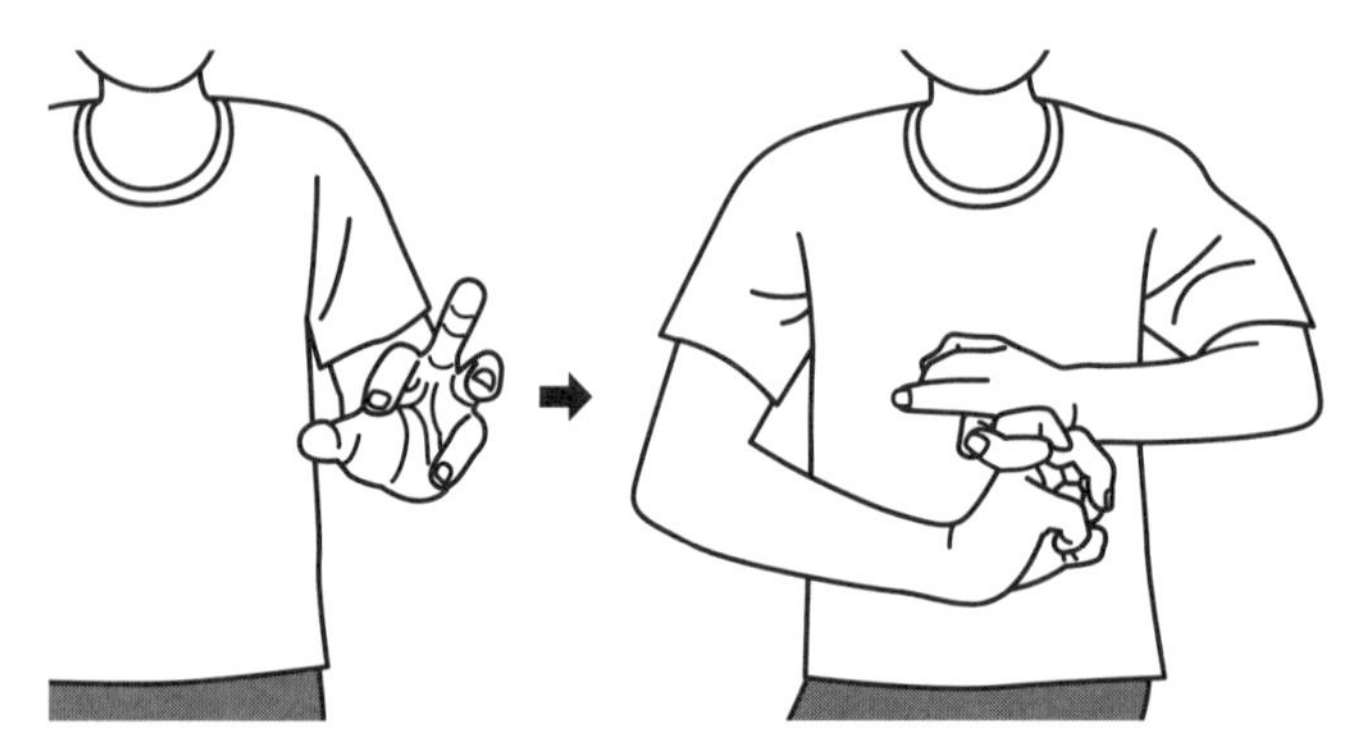

左右の手ともに親指、人差し指、小指を曲げて蕾をつくるように中央をくぼませる。この中央をくぼませた両手の薬指同士を絡ませ、それぞれの薬指がそれぞれの手の甲側に向かうように押し合う。

図３　蓮の蕾

の形は、その形状から「蓮（はす）の蕾」と呼んでいます（図3参照）。

ただ、この「蓮の蕾」は、危険が迫ったときに咄嗟にするにはちょっと複雑です。咄嗟のときには、私が「颮拳（ひょうけん）」と名づけた握り方のほうがやりやすいでしょう。

これは、指と指の間をちょっと開けて握り、指をぐっと内側へ寄せて中指だけが少し出るような形にしながら握ると（図4参照）、手のひらの中央が少しくぼみ、そこに力が集まるような感覚があると思います。そうすると、怖さが和らぐのです。

この手のひらの中央部分は「鎮心（ちんしん）の急所」で、経絡では「労宮（ろうきゅう）」と呼ばれ、ここを親指で押すだけでも心が落ち着くことが昔から知られています。

何か事件に巻き込まれたりして怖い目に遭った人たちが、不安や恐怖を解消するためにカウンセリングを

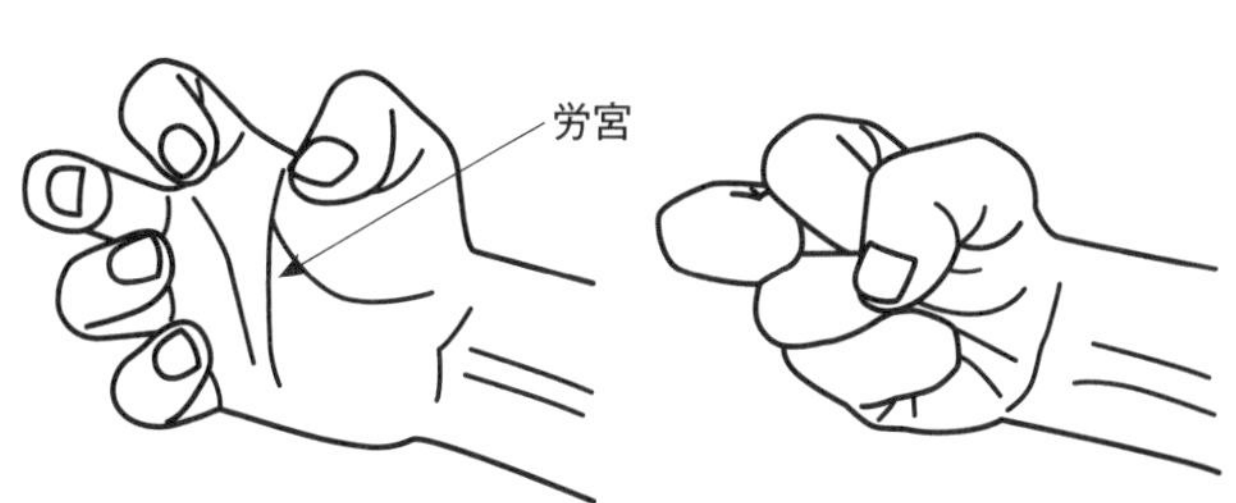

手のひらの中央をくぼませるように指を握っていくと、折った中指が他の指より突き出るようになる。

図4　颮拳（ひょうけん）

受けることがありますが、私は、身体から変えるようにしたほうがいいのではないか、と思っています。「蓮の蕾」で横隔膜が下がれば不安や怖さを感じなくなりますし、「颾拳」で労宮に力が集まれば心が落ち着きます。そうしたちょっとした手指の形だけで心身の状態は変わるのですから、そうした何か心にトラウマを抱えた人が武術を稽古することは、ときにとても有効であるようです。

ただし、即効性を期待して、「蓮の蕾」や「颾拳」、あるいは「受け身」などを、「役に立つから覚えよう」「役に立つから訓練しておこう」と思ってするのでは、大した効果は期待できません。何事も、興味を持って自分から積極的に「やってみよう」と思えるかどうかが重要です。そのきっかけとして、たとえば、高い所に上って下を見たときに「蓮の蕾」をつくってみる。それによって、リアル感が消え、恐怖心が減退したとなったら、「へえっ」と面白く感じることでしょう。そうしたことをきっかけに興味を持って取り組んでみることも、身体が精神に影響を与えることを知るきっかけになると思います。

四、自分の師を得るということ

稽古はまだ続けたいと思ううちに打ち切ることが肝心

昔から武術の世界では「三年学ぶより三年師を探せ」あるいは「三年勤め学ばんよりは、三年師を選ぶべし」などという諺があります。自分の志に合った世界にたどり着くには、まずはそこへの水先案内人というか、縁のある人なり本なりとの出会いが大切です。

私が人生のいろいろな面で最も影響を受けたのが、第三章で紹介した、近頃は「野口整体」と呼ばれる整体協会の創設者の野口晴哉先生です。私が直接話を伺えたのはもう最晩年で、それも講習会の一受講者として話を伺ったのみで、それ以上の関係はなく、専ら著書を読んで学んだのですが、思想においても武術の稽古法においても、「野口晴哉」という人物から得たものは私の人生の骨格になったと感謝しています（そして今、私が師とも畏友とも思い最も親しくさせていただいている人物が、晴哉先生の次男としてお生まれになり、現在、整体協会の実質トップとして協会を背負われている野口裕之先生です。私の今までの人生で、人と初めて会って自分の話がこれほど通り、それに対して予想外の素晴らしい答えが返ってきたという経験は、後にも先にも、この野口裕之先生以外記憶にありません）。

晴哉先生の教えの中でも強く印象に残っているのは、本書でも繰り返し伝えてきた「何事も義務感や強制ではなく自発的でなければならない」ということです。
また、私は、稽古などをするときには「十分やった」と思う前に打ち切るようにしています。といっても、最近ではあまりに忙しくて、飽きるほどに時間を割いて稽古をするということはとてもできなくなっていますが。この「打ち切りの技術」も、野口先生から学んだことです。

稽古や練習などを集中してやっていると、ついついやりすぎて、いつの間にか、その稽古に対する関心が下降線になってしまうことがあります。そうなると、その稽古をしていないときには技の工夫に関する積極的な気持ちが衰えてしまいます。

一方で、まだ稽古をし続けたいという意欲のあるうちに、その稽古を打ち切ると、その稽古に対する意欲や関心が継続しているので、何か他の仕事や用事をしているときにも潜在的に身体は工夫し続けているものです。「もうちょっとやりたい」というところであえて打ち切ると、その稽古をしていない時間も稽古になるわけです。

このように、晴哉先生が説かれていたことには「なるほどな」と感じ入ることが数々あり、今でも折に触れて「そういえば、これも野口先生から学んだことだな」と、ふと思い出すことがあります。

私が人生について考え始めた高校生の頃、後々の私の人生に大きな影響を与えた一冊の本との出合いがありました。それは『山岡鐵舟』（澤田謙著）です。

私が人生で初めて自覚した、尊敬できる歴史上の人物が山岡鉄舟でした。無刀流の開祖であり、幕末の英傑としての実績もさることながら、その伝記を読むと人情味のあるエピソードが大変多く残されていて、その面白くて破天荒な言動に強く惹きつけられたのです。私が禅や荘子に関心を持つようになり、「いかに生きるか」ということを真剣に考えるようになった最初のきっかけが山岡鉄舟居士であったことは間違いないと思います。

些細な出会いが「師」となることもある

私の長男の陽紀は身体というものに興味を持ち、今は身体技法研究者と名乗って、身体の使い方を日常やさまざまな仕事、スポーツなどに活かす方法の指導を行っていますが、まさか彼が私と同じようなことを仕事にするとは夢にも思いませんでした。本人の興味のあることが見つかれば、どんな道に進んでもいいと思っていましたが、しいて言えば、物を作ることが好きなようでしたので、陶芸や家具作りなど物づくりの職人になれば私もその工房に遊びに行けるな、などと思っていました。

ただ、高校時代には教師を志していてある大学を受験したのですが受からず、「大学に行くよりも、二年ぐらい私について仕事をして、その中で、自分が学長であり教師であり学生だと思って、自分で大学をつくればいいよ」と私が助言し、二年ほど、私のアシスタントとして国内のみならず海外での講習会にも同行しました。そのときの経験も多少は役立っているのかもしれませんが、彼が私と同行するようになってから理屈抜きに身体で感じた体験があります。その印象深いエピソードが私にとっても武術におけるいちばんの盟友である、光岡英稔（ひでとし）師範の技だったようです。

光岡師範は、武術の実力においても、術理の詳しさや武術に対する考察においても群を抜いている人物です。あるとき、光岡師範が私の道場に来館されたときに、陽紀と軽く組み合ったことがあります。そのとき、光岡師範にほんのちょっと身体を当てられただけで、陽紀が空を飛んだのです。暴力的に強く当たられたわけでもない、接触感覚としてはフワッとやわらかく当てられただけなのに、陽紀の身体は想定外に飛ばされました。その感覚があまりにも不思議だったようで、身体技法を研究してみたいと思うきっかけの一つになったようです。

そういえば陽紀は小学校三年生ぐらいの頃、「自分は将来、ちゃんと自信を持った大人になれるだろうか」と真剣に悩んでいたそうで、あるとき、たまたま公園で見かけた大学生のグループの中の一人に救われたそうです。そこには十数人の大学生がいて、そのうちの一人が、いわゆるリーダータイプではないが、自分の興味のあることを楽しそうに表現することで皆が明るく過ごせるような場づくりをしていたようです。その様子を見ていて「自分のペースで表現していいのか！　ああいう生き方があるんだ」と思って救われた気がした、と。そんな話を、二〇歳前後になってから聞きました。

その話を聞いて、小学校三年生で、そんなところに目を向け、そんなことを感じたのかと、親ながら驚いたことを覚えています。そんなふうに、思いもかけない些細な出会いが「師」となることもあるのでしょう。

まあ、気が合う、気が合わないというのは極めて微妙な感覚であり、ご縁ですから、最初から自動的に師弟という関係になってしまう学校や部活の先生、コーチが必ずしも自分にとって本当の意味での「師」になるわけでもありません。自分にとっての師となり、人生を切り拓くきっかけが与えられ、それによって学問や技芸、仕事などに自分が打ち込めるようになる水先案内人には、どこで出会えるかはわかりません。ですから、またとない出会いに気づくためにも、センスと嗅覚は磨いておく必要があると思います。

五、死生観

「いかに人生を締めくくるか」を考えて生きる

人が人として生まれた以上は、誰一人の例外なく、必ず死にます。ところが、現代は、「いかに生きるか」とともに、「いかに人生を締めくくるか」という死生観が欠如している人が大変多いように感じます。子どもでも、死生観を持って生きることは、命の重さを感じるためにも必要です。

医療が発達した現代では、口から食べられなくなったら胃ろうを、自力で呼吸ができなくなったら生命維持装置を……などと、とにかく死なせない技術が発達しました。「人としていかに生きるか」「いかに人生を締めくくるか」はそっちのけで、ただ「命が大事だ」「長生きすることはいいことだ」と、あの手この手を尽くして問答無用で命を引き延ばすことを行っています。しかしこれは、人が人として生きるという根本をまったく無視しているようにしか私には思えません。

私が子どもの頃には、他人から介護されながら長生きしている人は一割もいなかったように思いますが、今はもう、ある程度の期間、介護を受けて死ぬ人のほうが圧倒的に多く、八割方はそうでしょう。介護というものが当たり前の権利になって、ますますただ命を長らえさせることが増えてきているように感じます。

「人生一〇〇年時代」などといっても、その晩年は一〇年も二〇年も介護をされて、それで一〇〇歳まで生きるのだとしたら、それは人として本当に幸せな一生を送ったと言えるのでしょうか。少なくとも、私はそのような人生の幕引きはしたくありません。

子どもの面倒になろうなんて微塵も考えていませんし、それは家人に対しても同じです。怪我か何かをして、しばらく養生していたらまた元に戻れるのなら別として、どうも回復の見込みはないというのに、介護されてまで生きていたいなんて爪の先ほども、いいえ、産毛の先ほども思いません。

こうしたことに関しては、それぞれの価値観がありますから、他人に押しつけるつもりはありませんが、私としてはそう考えています。

動けるうちは動いて、動けなくなったら、もうそれで終わり。食べられなくなったら、もうそれでいい――。「生きている」ということはそういうものだろうと思うのです。人間以外の生物はみんなそうですから。こんなにも他の生物や地球に迷惑をかけていながら、自分たちだけはなるべく命を引き延ばそうなんて「恥ずかしいと思わないのか」というのが私の偽らざる感想です。

今、日本では人口減少が問題になっています。でも、世界を見渡せば、地球上の人口は「増えて大変だ」と言っているのですから、減ったなら減ったでいいのではないでしょうか。それはそれで、受け入れればいいのではないか、と私は思います。

結局のところ、高齢者が増えて若い人が少なくなっているというようにバランスが悪くなっていて、社会保険などを支えられないということが問題なのでしょう。しかし、それは介護ありき、医療ありきで長生きすることがすっかり当たり前になっているからだと思います。つまり、この現在の社会のあり方自体に無理があるのです。

二つとない命を何かにかけてこそ、生命は高揚する

私の両親は二人とも家族に面倒になるということはほとんどなく旅立ちました。父は九六歳まで生きたのですが、高齢になっても、頭も身体も六〇代の頃とほぼ変わらず、九〇

歳を過ぎても屋根に上って屋根の掃除をしていたほどです。

亡くなる二週間ほど前に家族で箱根に行き、それからすぐに体調が悪くなり、一二月の頭に入院して、息を引き取ったのが六日の朝だったので、入院していたのは一週間足らずでした。

亡くなる二年半ほど前にガンが見つかってはいたのですが、高齢であったのでその事実は本人には伏せて、そのときにも二週間ほどの入院だけで退院しました。そして、退院から一か月もする頃には、入院前と変わりない日常を送れるようになっていました。庭の植木を手入れしたり、郵便を出しに出かけたり、ときには電車に一人で乗って都心での会合に出かけることもあったほどです。頭も身体もしっかりしていましたので、しばしば父に留守番を頼んで、家族はそれぞれの用事で家を空けることもできました。そんなときには、父は一人で食事を用意し、風呂を沸かし、すべて自分のことは自分でやって人手を借りることはありませんでした。

ですから、亡くなる前のほんの数日、我々の手を少し借りただけで、この世を旅立っていきました。人に迷惑をかけることを何より気にしていた父だっただけに、この引き際は、父自身の本意でもあったと思います。

もちろん死生観というのは人それぞれです。ただ、今は、動けなくなって何か月も何年も人の手を借りながら生きるという人が本当に多くなりました。それでは医療費も膨大になりますし、人が長生きすれば食糧だって居住空間だって足りなくなります。

また、生まれることと死ぬことに、昔は考えられなかったほど国家が介入してくること自体、私はおかしいと思っています。私は、たとえば物忘れがずいぶんひどくなってこのままでは他人に迷惑をかけるなと思ったら、たとえ身体は動くにしても、どこか山の中に入って、まだ自分の身体が動くうちに自分の身を処分しようかなと思うぐらいです。

とにかく、自分の人生の幕をどう引くかを、国家に管理されるのではなく、自分に取り戻したいのです。それを潔しとする考え方をもっと多くの人が持つべきだと思っています。そうでなければ、社会への負担も、地球への負担も増えるばかりです。

「人が人として生きるとはどういうことか」ということへの自覚があれば、もっとそのような潔さを持つ人が増えると思います。そうではなく、なんとなく生きて、なんとなく仕事をやって、なんとなく好きなことをして時間を潰して、人が生きているとはどういうことかという本質的なことに向き合うことがまるでないから、医者に言われるままに命を引き延ばす医療を受けて、惰性で生きてしまっているように思います。そのため、何かあっても自分なりのはっきりとした意思表示さえもできないのではないでしょうか。

それは、結局のところはやはり教育の問題でしょう。本書で繰り返し述べてきたように、学校教育が入試などの受験のためだけのものになってしまい、いちばん大事な「いかに生きるか」を考えさせることが抜け落ちてしまっているからです。

人間の命というのは限りのあるものです。「命がいちばん大事」と言う人は多いものの、「だから、その大事な命をどのように全うするか」が抜け落ちている人が非常に多く見受けられます。逆に、その二つとない命を何かにかけるから、生命は高揚するのです。それを、ただ命を守る、命を引き延ばすことばかり考えていては、命の輝きが鈍ってしまい、人生は本当につまらないものになってしまいます。

生きるということは「生き生き」と生きてこそ、意味があると思います。人としてこの世に生まれてきて「いかに生きるのか」。この新型コロナウイルス感染症対策でいろいろな問題が浮き彫りになっている今こそ真剣に考えてほしいと思います。

おわりに――誰もが生きることの専門家である

私が住んでいる東京・多摩地区は、私が子どもの頃には本当にきれいな自然に囲まれていて、自宅から少し奥のほうにある丘を歩くと、秋には桔梗（ききょう）が一面に咲き誇っている所があったりして、それはもう美しい里山の風景でした。ところが、私が小学校の低学年のときに、丘の上に高級住宅街をつくるということで鉄道会社による開発が始まり、丘は何年もかけてすべて削られて宅地のために赤土がむき出しの荒野となり、きれいな自然がすっかり失われてしまいました。

その様子を見て、「大人というのはろくなことはしないな」と思ったものです。それで、小学校三年生のときの作文では、野山がブルドーザーで切り崩されていく光景に衝撃を受けたことと、緑が失われていくことに対する悲しみを綴っていました。ほとんどの子どもたちが、田舎が都会化することを喜ぶ中で、私は子どもの頃からこのような考えでしたから、便利な生活を追い求める代わりに失うものはあまりにも大きいということへの危機感は、年齢が一桁の頃から潜在的にあったように思います。ですから、もう筋金入りの少数派なのです。

そういう私ですから、私自身が他の生物に多大な迷惑をかけている人間であることに肩身の狭い思いをし続けているところが、どこかに現れるのかもしれません。私の畏友の一人である精神科医の名越康文・名越クリニック院長から「甲野先生は、自分が人間であることをどこか憎んでいるでしょう」と言われて「ドキッ」としたことがありました。

とはいえ、現に人間として生まれ、現代に生きていることは事実ですから、好むと好まざるとにかかわらず、さまざまなテクノロジーのお世話になっており、それらを利用する以上は私も私に憎まれる対象になっていて、他の人々と同罪であることも自覚しています。そして、人間の文明がここまで来た以上、それはなるべくしてなったともいえるわけですから、今さら縄文時代のような生活には戻れないことも判っています。

そうであるならなおさら、一人ひとりがいかに生きるのか、この社会の中でどういう役割を演じていったらいいのかを真剣に考えるべきでしょう。

本来、私たちは誰もが生きることの専門家であるはずです。限りある命を授けられてこの世に生まれてきた以上、「どう生きるか」ということに対して、各自、生きていることに対する率直な感想というか、素直な体感というか、そうしたものに目を向けそこから自分の生き方を真剣に考えるべきだと思うのです。それを医者に任せ、自分がどう感じているかよりも検査の数値に一喜一憂したり、社会に任せ、社会全体の人の傾向に合わせて自分の行動を決めるといった、誰かに判断を委ねること自体、おかしな話です。

これからの社会を生きる若い人たちには、本気で「いかに生きるか」を考え、そのための学びを深め、新しい時代を切り拓いていってほしいと願っています。そのときに、周りの大人たちは、瑞々しい感性を持った子どもたちが自由に感じ、考え、動くことを邪魔しないでいただきたいと思います。

それにしても人間というのはついついつい固定観念に捉われてしまうものです。

つい三か月ほど前、私は私の武術の核をなす剣術の、それも極めて基本的なことに関して大きな気づきがありました。この年齢で、突然初心者になってしまったような革命的な気づきで、それは私にとっても思いがけないものなだけに世間一般の剣道や剣術の常識とは大きく異なるものでした。

それは何かというと、刀を両手で持って操作するときの左右の手の役割についてです。

普通は、左右の手で助け合って持っている、と思いますよね。私もそうだと思っていました。ところが、両手で助け合おうと思って持っていることが、刀の働きを悪くさせていたことに気づかされたのです。

つまり、左右両方の手が協力し、「良かれ」と思ってやっていたことが「二人三脚」の状態になっていたということです。「二人三脚」という言葉はときに二人で苦労して事業などを協力してやってきたことなど、いい意味の譬（たと）えとして使われることもありますが、この「二人三脚」という状態自体、まったく効率の悪い状態です。二人で協力してやるなら足など縛らず、手をとり合って走ったほうがずっと速いですし、転倒の危険もはるかに少なくて済むはずです。

しかし、一般的に広く知られている刀の持ち方は、左手を六、右手を四ぐらいの力の配分にして「茶巾絞り」といわれるような形で左右両方で協力して持つように教えられていて、まさに「二人三脚」になっていたのです。私は、「茶巾絞り」には持っていませんでしたが、左右の手が協力することに関してはその通りだと思ってきました。ところが、その協力の仕方が普通に考えられている協力では「二人三脚」のような効率の悪い使い方になっていたことに、私が武術研究の道に入ってから、かつてない衝撃とともに気づかされたのです。

このことは一一月の初めに、私が今までにも大きな影響を受けている整体協会・身体教育研究所の野口裕之先生からいただいたアドバイスで気づき、直後に、私の長男の陽紀も、やはり木刀を振るとき、完全に片手を主にして振っていることを聞き、その共振性に驚いたのです。そして自分でも試してみて、改めて深く納得しました。

つまり、両手で刀を持っていても、常に、どちらかが完全な主役で、もう一方はアシスタントに徹するべきなのです。そして、アシスタントになったほうの手は、「ただそこに在る」ぐらいの働き以上のことをしてはダメなのです。

しかし、普通は右手が主役のときに左手がもっと協力したほうが楽になるとつい思いますよね。ところが、そこに根本的な間違いがあったのです。

「船頭多くして船山に登る」という諺がありますが、もう一方の手がもう一方の手を助けようとすると、かえって具合が悪いのです。このように、わが身の中で起きていることであっても、良かれと思って協力していることが、かえって邪魔になることがあるのですから、他人であればなおさらでしょう。

親が子どものため、教師が生徒のために良かれと思って、サポートのつもりでやっていることが、じつは子どもたちの柔軟な思考や瑞々しい感性、旺盛な好奇心を邪魔してしまっていることが多々あるのではないでしょうか。それだけに、子どもの教育については、十分な観察眼が必要だと思います。

現在の学校制度の根本的見直しも含め、今、教育にこそ革命が起こらなければならないと思っています。

今回ビジネス社からのご依頼により、初めて教育に特化した一冊を出すことになりました。七四歳を迎え、人生最多忙の日々を過ごしている私にとって、今回ほどライターの橋口佐紀子さんに助けられたことはありません。私もずいぶん書き加えたり、書き換えたりしましたが、本の構成の主な骨格や肉付けは橋口さんが私の話を的確に聞き取って作ってくださり、本当に助かりました。編集を担当してくださった近藤碧さんともども、お世話になりましたことを深く御礼を申し上げます。

そして、現在の感染対策のおかしさについてコメントをくださった「内科医の端くれ」先生にもご協力をいただきました。新型コロナウイルス感染症対策が行政により主導され始めると、もう無批判に、ただそれを受け入れる医師や医療関係者がほとんどという現状の中、「おかしいものはおかしい」と、はっきりと声を上げられた勇気と責任感には深く共感しました。

また、昨年の秋に、この「内科医の端くれ」先生にぜひ会っていただきたいとご紹介したのは、私がもう三〇年のお付き合いとなる精神科医の名越康文・名越クリニック院長です。現在は精神科医の仕事よりも歌手としての仕事のほうに重心を移しつつあるということですが、この人物の人を観る目の凄さは、本書の中でも書いた通りです。これから多くの人が精神を病むような時代になりそうな中、ますます必要とされる方だと思います。

そして、何度か本文の中で登場いただいた独立研究者の森田真生氏も、これからの時代、社会が必要としている逸材です。特に教育に関しては「余人を以て代え難い」存在であることは確かです。ぜひ多くの方々に、この森田氏の著作に触れていただきたいと思います。

この森田氏が広く世に出るきっかけとなった小林秀雄賞の受賞に際し、森田氏を強く推薦された養老孟司先生は、私が世に出る道をつくってくださった恩人でもあり、本書の中でも何度か、そのお考えを紹介させていただきました。共著を二冊ご一緒した他、雑誌や他の書籍の中でも数えきれないほど対談をさせていただきました。

そして、身体教育研究所の野口裕之先生は本書でも何度か触れましたが、私にとって師でもあり、また同世代で親しく話をすることができる畏友として殆ど唯一の方です。この野口裕之先生と共に私が非常に大きな影響を受け、武術において「盟友」ともいえる畏友は、韓氏意拳の日本の総責任者であり、その他、東南アジアや日本の武術にも詳しい光岡英稔師範です。私はこうした方々にどれほど助けられているかわかりません。

また、身内の話となりますが、私の長男の陽紀も私が教えたことはほとんどありませんが、現在は私が教えられることのほうが多い存在になっています。「基本」ということを押しつけない重要さは、陽紀の現状を見ても確信できます。

以上、本書執筆に関して特にお世話になった方々に、あらためて深く御礼申し上げます。

二〇二三年二月

甲野善紀

[著者略歴]
甲野 善紀（こうの・よしのり）
1949年東京生まれ。武術研究者。1978年に「松聲館道場」を設立。以来、独自に剣術、体術、杖術などの研究に入る。2000年頃からその技と術理がスポーツや楽器演奏、介護、ロボット工学や教育などの分野からも関心を持たれている。著書に『表の体育・裏の体育』（壮神社、ＰＨＰ文庫）、『剣の精神誌　無住心剣術の系譜と思想』（新曜社、ちくま学芸文庫）、『古の武術から学ぶ　老境との向き合い方』（山と溪谷社）、『古武術に学ぶ体の使い方。（ＮＨＫ趣味どきっ！）』（林久仁則氏との共著、ＮＨＫ出版）、『巧拙無二　近代職人の道徳と美意識』（土田昇氏との共著、剣筆舎）、『上達論　基本を基本から検討する』（方条遼雨氏との共著、ＰＨＰ研究所）、『自分の頭と身体で考える』（養老孟司氏との共著、ＰＨＰ研究所）、『古武術に学ぶ身体操法』（解説 森田真生氏、岩波現代文庫）など多数。

編集協力：橋口佐紀子

古武術に学ぶ　子どものこころとからだの育てかた

2023年４月１日　第１刷発行

著　者　甲野善紀
発行者　唐津 隆
発行所　株式会社ビジネス社
〒162-0805　東京都新宿区矢来町114番地 神楽坂高橋ビル5階
電話　03(5227)1602　FAX　03(5227)1603
https://www.business-sha.co.jp

〈カバーデザイン〉中村　聡　〈カバー写真〉佐藤雄治
〈本文組版〉マジカルアイランド　〈本文イラスト〉植本　勇
〈印刷・製本〉大日本印刷株式会社
〈営業担当〉山口健志
〈編集担当〉近藤　碧

ISBN978-4-8284-2502-3